JN041142

グローバル・サプライチェーンにおける
新しい製販協働のかたち

見えない需要を見える需要に

Adaptive
Collaboration
Strategy

永島正康 著

丸善プラネット

はしがき

　本書は、メーカーと小売業者の協働に関する研究結果をまとめたもので、拙著 "Adaptive collaboration strategy: A case study of a French-Japanese supply chain in consumer electronics products" を大幅加筆・修正のうえ、編集した邦訳書である。邦題は、「グローバル・サプライチェーンにおける新しい製販協働のかたち──見えない需要を見える需要に──」となる。ここでいう「製販協働」とは、サプライヤーから最終顧客にいたるまでの供給活動の連鎖において、メーカーと小売業者が連携して働き、1社単独では達成できない競争優位を獲得、パフォーマンスを向上させることを意味している。

　近年におけるメーカー・小売業者を取り巻く重要な環境変化の1つは、製品のライフサイクルの短縮化と多品種化が同時に進展した結果、需要の不確実性が拡大し、需要の予測が極めて難しくなっていることである。このため、生産した製品が売れない、売れる商品は欠品になるといったスパイラルに陥る。この負のスパイラルから脱却するためには、企業は独立した組織の枠を超え、サプライチェーンにおいて戦略的なパートナーをもち、顧客情報の共有をベースにした協働を通じて需要の予測精度を上げることにより、パフォーマンスを向上させていくことが求められている。

　しかしながら、実際のビジネスにおいて、標準化された製品を大量に市場に提供したいメーカーと、多様な製品を短納期にフレキシブルな数量で提供することを望む小売業者では行動規範が異なり、協働を実践することが難しい。結果として、サプライチェーンが分断され、顧客ニーズに対応できず販売は低迷、在庫や欠品も増えていくという悪循環に陥ることになる。学術的にも、異なる利害関係者間の複雑な協働活動をいかにして企業のパフォーマンス向上に結びつけているかについては、組織内部の文脈をすべて把握しきれない外部の研究者からはわかりづらく、実践的にも参考になる研究蓄積は乏しい。

　さらに、近年のグローバル化の進展の下で、メーカーの活動拠点は多様な国へ展開している。その結果、開発・製造・販売といったサプライチェーンの主活動はそれぞれの活動の論理で多様な国に分散、そのグローバルな運営は複雑化している。たとえば、日本で開発した製品を、中国で生産し、全世界で販売

していくのは、日本ですべてのプロセスを完結させる場合と比べてはるかに複雑で難しいマネジメントが要求される。

　本書は、このような課題を踏まえて、どのようにしたらグローバルな文脈でのサプライチェーンにおける協働（以下、特に断りがない限り、「サプライチェーンの協働」もしくは「サプライチェーン協働」とする）を成功に導くことができるかについて、メーカーと小売業者との関係に焦点を当てて探ろうとしたものである。研究にあたっては、サプライチェーン・プロセス戦略を、商品の市場への着実な浸透とその需要の不確実性低減のためにどのような企業間の協働プロセスがありうるかという視点から分析している。協働活動がうまくいけば、需要の不確実性低減を通じて、需要予測の精度を上げることができ、欠品や過剰在庫による経営ロスも回避できることが期待できる。うまくいかなければ、需要の不確実性拡大の中で、需要予測の精度は低下し、欠品や過剰在庫による経営ロスも増えていく。需要予測の精度はこのような協働活動の成否を端的に表すものであり、企業の業績と直結している。本書ではこの需要予測の精度に特に着目する。

　著者は、この需要予測の精度向上の課題の本質を、予測手法に関する技術的なもの以上に、製品の価値と顧客が求める価値の間のミスマッチにあるととらえている。本書では、こうしたミスマッチはサプライチェーン・プロセスにおける不適切な行動によって生じるという問題認識に立つ。たとえば、ターゲットとする顧客層の需要に応えるため、製品には一定の製品価値が注入される。しかしながら、実際のビジネスの現場では、生産の稼働を上げるために、販売を増やせという本社からの指示で、ターゲットとは異なるセグメントの顧客に販売せざるを得ないことが多い。この場合、上記の販売データからは、理論的に推測されていたものとは異なる需要パターンが現れることになる。その結果、需要の不確実性が拡大するため、需要予測の精度は下がり、在庫や欠品も増えていくという問題が発生する。さらに、新製品の導入期には、製造側も、売り先・売り方を含めて、全体の新製品導入活動の設計を行うが、成長期以降は、販売側の現場任せになりがちである。その結果、製品のライフサイクルが進むほど、製品戦略と売り先・売り方が適合せず、需要の不確実性が拡大する中、需要予測の精度が低いままに放置され、在庫や欠品も増えていくという問題が

同様に発生する（永島, 2017）。

　こうした問題を解決すべく、メーカーとして成果を持続的に創出するためには、製品のライフサイクルや特性に合わせて、組むべき小売業者や協働の内容を変えていくような目に見える協働活動の設計が必要であるというのが、本書の主張である。著者は、メーカーの立ち位置から、製品ライフサイクル、小売業者の選択、製品カテゴリー、協働レベルといった4つの要素をマッチングさせることで、適切なサプライチェーンの協働が実践可能であるという新しいフレームワークを提案する。このフレームワークの提案を通じて、適切なサプライチェーンの協働が需要の不確実性を減らし、需要予測精度を上げ、企業のパフォーマンス向上に結びついていくことを検証している。

　著者は、もともと日本の総合家電メーカーにおいて、30年以上、国際マーケティングに従事してきた。国内外で、海外市場における企画、販売、マーケティングの職能経験を通じて、商品企画から販売、マーケティング、物流にいたる事業全体のプロセス運営に関与する機会を得た。特に、2004年に著者が同メーカーの欧州法人でデジタルスチルカメラ事業を立ち上げた際、それまで対立的関係にあった大型量販店との間で業界初となる本格的な製販協働を実践し、従来は困難とされていた販売拡大と在庫・欠品率削減を同時に達成するという得難い経験をすることができた。

　本書は、著者のこうした経験やこれまでの研究をもとに、メーカーと小売業者の協働のあり方について考察を加えたものである。その際、以下の3つを心がけた。

① 「グローバル・サプライチェーンにおける協働」という現実の世界の動きの具体的かつ詳細な観察・分析：フランス市場におけるデジタルスチルカメラの製品ライフサイクルが導入・成長期から成熟期へとダイナミックに進行した5年間、市場を牽引する製品カテゴリーや小売業者が変化していく様を詳細に描きつつ、日本メーカー内部の開発、製造、販売活動におけるフランス小売業者との協働の複雑な実態を現場視点から忠実に描き出した。

② 眼前の現象だけでなく、その背後にあるメカニズムを含めた複眼的な視点からの協働の解明：メーカーと小売業者の協働プロジェクトを実際に主

導してきた著者の実務者としての立場と研究者という立場の複眼的な視点から、プロジェクトの内部にいる者しかわからぬ文脈を含めて観察することで、協働の背後にあるメカニズムを解明し、「適応的コラボレーション」という新たな概念とその実践の枠組みを提示している。

③　協働する組織の中にいる者だけが知る暗黙知的な文脈を明示化し、形式知として焼き直す：本書で取り上げた需要予測という業務は、部材の調達や製品の生産・物流・販売に関する計画の基礎となる重要な業務の1つである。しかしながら、多くの業界の実務面においては、需要予測は、依然属人性の強い業務だといわれている（山口, 2018）。このように暗黙知が担当者に付随して語り継がれていく部分が多い需要予測に焦点を当て、数十回に及ぶ関連部署の現場担当者へのヒアリングを通じて聞き出したことを明示化している。

こうしたアプローチを通じて、サプライチェーンにおける協働活動の経営的重要性を強調し、またその実践の1つの考え方を提示することで、サプライチェーンにおける協働に関する研究や実践の発展の一助になることを目指している。このような試みが実際にうまくいったかどうかは、読者に評価を委ねたいと思う。

本書の内容は、実務・学術を問わず、サプライチェーン・マネジメント（supply chain management: SCM）における協働に興味のある方にとって、役に立つように書かれている。ただ、第2章は、SCMの運営に関わる企業の初学者のための導入として書いたものなので、研究者や専門の方は読み飛ばしていただければと思う。

本書は、共著者とともに投稿した2つのジャーナル掲載論文を含むが、共著者4名（森田道也先生、ラウシーン・ケルバッシュ先生、マルク・ラサーニュ先生、フレデリック・T・ウェールレ先生）全員の了承のもと、永島の単著として執筆したものである。本書に記載されている内容についての責任はすべて永島が負う。

本書の上梓にいたることができたのは、多くの方々のご支援があったからである。すべての方のお名前をあげることはできないが、紙面を借りてお礼を申

し上げたい。

　博士学位論文の完成までご指導いただき、本書に記載されている論文の共著者でもある、HEC のラウシーン・ケルバッシュ先生ならびに Arts et Métiers Paris Tech のマルク・ラサーニュ先生には心からお礼を申し上げたい。同じく論文の共著者であるカリフォルニア大学バークレー校のフレデリック・T・ウェールレ先生には、本書のドラフトに対しても、貴重なコメントをいただいた。心から感謝したい。

　学習院大学の森田道也先生には、企業に勤務していた著者が研究者としての道を歩もうとしていた際に、研究内容や論文のご指導をいただいた。本書に記載されている論文の共著者でもある。長年にわたるご指導ご支援なくして本書は完成し得なかった。高知工科大学の末包厚喜先生には、著者の最初の勤務大学である高知工科大学にて多くのご支援をいただき、大変お世話になった。東京大学の新宅純二郎先生には、共同研究を通じて、多くの示唆や助言をいただきつつ、研究者としてのあり方も学ばせていただいている。本書のドラフトに対しても、有益なアドバイスをいただいた。同志社大学の岡本博公先生（元高知工科大学）には、常日頃から暖かいご支援と励ましをいただき、本書のドラフトに対しても、貴重なコメントをいただいた。この 4 名の先生は、著者にとっての恩師であり、かけがえのない存在である。心から感謝したい。

　明治大学の富野貴弘先生ならびに京都産業大学の中野幹久先生には、共同研究を通じて多くの示唆や助言をいただいた。中野先生には、本書のドラフトに対しても、貴重なコメントをいただいた。お二人は、サプライチェーンの研究に取り組む仲間として、とても大切な存在である。諸氏に心から感謝を申し上げたい。立命館大学の小久保学部長ならびに依田副学部長には、職場において日頃から暖かいご支援をいただいている。心からお礼を申し上げたい。近畿大学の廣田章光先生、大阪経済大学の太田一樹先生ならびに同志社大学の藤本昌代先生にも長年にわたりご支援と励ましをいただき、心からお礼を申し上げる。高知工科大学勤務時代には、同大坂本泰祥先生ならびに生島淳先生（現高知学園大学）にも暖かいご支援と励ましをいただいた。心からお礼を申し上げたい。立命館大学の OIC リサーチセンターならびにリサーチライフサポート室の皆さんには、日々の研究活動において様々なご支援をいただいていることに心か

らお礼申し上げる。立命館大学大学院 経営管理研究科の谷野百香さんには、出版の準備の過程で大変お世話になった。心から感謝したい。

　家電業界の方々にも大変お世話になった。守秘義務の関係で、企業名やお名前をあげることはできないが、これまで仕事に関わったすべての方々に心から感謝したい。

　丸善雄松堂株式会社の犬飼了史氏には、本書のもとになる英文書刊行にあたり、大変お世話になった。高知工科大学の和田仁研究アドバイザー・久須美雅昭プログラムオフィサー、丸善雄松堂株式会社の神羽登氏・黒田健一氏には、本書の刊行に際し、格別の配慮と細部にわたる助言をいただいた。丸善プラネット株式会社の橋口祐樹氏には、校正をご担当いただき、多大なるご助力をいただいた。諸氏に心から感謝したい。

　なお、本書は JSPS 科研費 JP（18H00888）の助成を受けて出版されるものである。

　最後に、家族にもお礼の言葉を述べたい。妻の聡美、息子の匠、そして愛犬のアレンの暖かい励ましとサポートが私のすべての努力を支えてきた。妻の聡美は、一読者として適切なアドバイスを提供してくれた。心から感謝したい。母の敏代と弟の和重は、常に著者を励まし応援してくれている。著者を支えてくれる家族に本書を捧げることをお許し願いたい。

2021 年 3 月

永 島 正 康

付記：

　COVID-19 の世界的拡散や米中経済摩擦により、政治・経済・教育などの基盤であるヒトの流れが極度に阻害された結果、グローバル市場の不確実性がますます高まり、「新たな経済の枠組み」が待った無しで求められている。この状況は国家レベルだけではなく、個々の企業にも大きな変化を強いるものであり、企業は価値創造のプロセスを新たな枠組みに適合させていく必要に迫られ

ている。本書が考える企業に不可欠な視点とは、「いかなる環境においても市場の要請にフィットした価値を創造し、それを実際に充たす供給プロセスを構築すること」である。そのうえで、こうしたプロセスを構築するためには、企業は様々な外部のパートナーと柔軟なやり方で協働すべきであると主張する。本書が提案する「適応的コラボレーションの戦略」では、メーカーと小売業者の協働において、開発・製造・販売という一連の供給プロセスが市場の求める価値に適合するかたちで競争力を高めるように統合されていなければならない。その方法論はDX（デジタル・トランスフォーメーション）を含めて多様であろう。「市場の要請にフィットした価値創造とそれを充たす供給プロセス」という規範的なメッセージが、本書を契機に一層理解され、激変する今後のグローバル経済環境において企業のパフォーマンス向上に少しでも寄与することができれば、望外の幸せである。

参 考 文 献

永島正康（2017）「グローバル・サプライチェーンと製造‐販売協働」『旬刊経理情報』
　　中央経済社、年初特大号、1頁.

山口雄大（2018）『需要予測の基本』日本実業出版社.

共著者リスト

森田道也名誉教授、学習院大学経済学部（日本、東京）

ラウシーン・ケルバッシュ（Laoucine Kerbache）教授、HEC Paris（フランス、パリ）

マルク・ラサーニュ（Marc Lassagne）講師、Arts et Métiers Paris Tech 経営学科（フランス、パリ）

フレデリック・T・ウェールレ（Frederick T. Wehrle）講師、カリフォルニア大学バークレー校（アメリカ合衆国、カリフォルニア）

論文初出掲載誌一覧

　本書の各章は、著者が以前発表した雑誌論文とソルボンヌ大学大学院ビジネススクール研究科での博士学位論文をもとに大幅加筆・修正したものである。

第1〜3章

Nagashima, M.（2013）,"Collaborative Planning Forecasting and Replenishment（CPFR）through product life cycle and adaptive retail strategy for supply chain collaboration: A case study of a French-Japanese supply chain in consumer electronics products," *doctoral thesis from Sorbonne Graduate Business School*, Paris, France. をもとに大幅加筆・修正。

第4章

Nagashima, M., Wehrle, F.T., Kerbache, L., and Lassagne, M.（2015）, "Impacts of adaptive collaboration on demand forecasting accuracy of different product categories throughout the product life cycle," *Supply chain management: An international journal*, Vol. 20, No. 4, pp. 415-433. をもとに大幅加筆・修正。

第5章

Nagashima, M., Lassagne, M., Morita, M., and Kerbache, L.（2015）,"Dynamic adaptation of supply chain collaboration to enhance demand controllability," *International Journal of Manufacturing Technology and Management*, Vol. 29, No. 3/4, pp. 139-160. をもとに大幅加筆・修正。

第6章

Nagashima, M.（2013）,"Collaborative Planning Forecasting and Replenishment（CPFR）through product life cycle and adaptive retail strategy for supply chain collaboration: A case study of a French-Japanese supply chain in consumer electronics products," *doctoral thesis from Sorbonne Graduate Business School*, Paris, France. をもとに大幅加筆・修正。

目 次

Part I グローバル・サプライチェーンにおける
　　　　製販協働 -概論-

Part Ⅱ　デジタルスチルカメラ市場における 日仏製販協働の事例

第4章　グローバル・サプライチェーンにおける新たな製販協働の枠組み ――適応的コラボレーション戦略――

Part III　適応的コラボレーション戦略の実践に向けて

図表目次

表 ————

Part I

グローバル・サプライチェーンにおける
製販協働 - 概論 -

需要予測における成功の鍵：
製販協働

1 需要予測とブルウィップ効果

　近年のグローバル化の進展の下で、メーカーの活動拠点は多様な国へ展開している。その結果、開発・製造・販売といったサプライチェーンの主活動はそれぞれの活動の論理で多様な国に分散、そのグローバルな運営は複雑化している。たとえば、日本で開発した製品を、中国で生産し、全世界で販売していくのは、日本ですべてのプロセスを完結させる場合と比べてはるかに複雑で難しいマネジメントが要求される。そのうえ、製品のライフサイクルの短縮化と多品種化が同時に進展した結果、需要の不確実性が拡大し、需要が読めないという現象が起きている。このため、せっかく生産したものの製品が売れないため過剰在庫になっている、製品は売れているが欠品になって顧客のクレームが止まないといった現象が世界の各市場で発生している。では、なぜ、このようなことになってしまうのか具体的な現象を踏まえて考えてみよう。

　図1.1は、メーカーの工場、メーカーの販売会社、小売業者、最終顧客という単純な4段階のサプライチェーンと各段階での発注量と時間を軸にとったグラフである。サプライチェーン（SC）とは原材料の調達から製品が最終顧客に届くまでのプロセス全体を指す概念である。この図は、このサプライチェーンにおける需要変動の増加をよく示している。ここでは、話を簡略化するために、工場で生産する製品はデジタルスチルカメラ、それを扱う小売業者は1社、この小売業者からメーカーへの発注のリードタイム（発注から納品にいたるまでの時間）を1か月、工場の生産から小売業者への納品のリードタイムを1週

間、当月生産し納品された製品は90台と仮定して、サプライチェーン上の需要がどう変動するのかを図中の小売業者のところから見てみよう。小売業者は、当月の最終顧客から注文を受け、自らの供給者であるメーカーの販売会社に来月分を発注する。来月の発注量を決定するために、小売業者は、来月の最終顧客からの注文の総計を推定（需要予測）する必要がある。当月、最終顧客から100台のデジタルスチルカメラの注文があったとすると、小売業者には、当月工場が生産し、納品された90台の在庫しかないため、10台の欠品（品切れのため、顧客の注文に応じられない状態）となってしまう。欠品になると、販売機会損失を被るばかりでなく、店の信用までも失いかねない。その結果、小売業者は、この欠品状態を二度と繰り返さないために、翌月の発注量を決める際、欠品リスク回避の行動をとりがちである。たとえば、来月の発注量に関しては、当月の欠品10台、来月の需要予測100台に、欠品リスク回避のための30台を加えた合計140台を、メーカーの販売会社へ「顧客が品切れで強いクレームをしている。なんとか急ぎで対応して欲しい」と要請する。メーカーの販売会社は、そのように強い要望がある製品ならば、翌月に来るかもしれない追加注文に備えて、少し多めに（たとえば＋30台）需要を予測する。来月の需要は、現在の小売業者からの注文140台に30台を加え、合計170台あると見込む。サプライチェーン上の各段階でこのような需要見通しを行った場合、その結果として、当月90台であった生産計画は来月170台まで膨れ上がることになる。

　このように最終顧客段階の翌月の注文（需要）量は、110台（100台注文予測＋10台当月欠品）と予測されるにもかからず、工場の段階になると170台と増幅され伝えられることになる。その情報に基づいて工場が翌月の生産計画を立てた場合、翌月末には、工場が過剰な在庫（翌月生産計画170台－翌月注文予測110台＝60台）をもつことになってしまう。上流の工場部門で作り上げられた需要予測の変動が、実際に下流で発生している最終顧客の需要予測の変動よりも大きくなってしまうという需要予測の変動増幅現象はブルウィップ効果（鞭効果）と呼ばれる（図1.1参照）。ブルウィップと呼ばれるのは、川下のごくわずかな需要予測の変動が、その振幅を広げつつ川上へ伝達されていく現象が、鞭がしなる様子、すなわち、鞭の先端にいくほど大きな波形になる様子に似ているからである。要するに、サプライチェーンにおける各組織が需

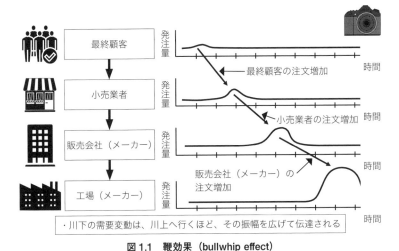

図 1.1　鞭効果（bullwhip effect）

（出所）Lee *et al.*（1997）p.94 Figure1「Increasing Variability of Orders up the Supply Chain」をもとに著者作成

要を読めないうえ、各自の判断を加えてしまうことで注文量の増幅効果を生み出してしまっているが、その背後には、欠品を避けたいという行動原理が実際の企業では強く働いているのである。この現象は、Forrester により、フォレスター効果（Forrester, 1958）として指摘され、Lee らにより、ブルウィップ効果（Lee. *et al.*, 1997）と呼ばれるようになった。

2　問題意識と本書の意図

　このブルウィップ効果に対処するためには、需要予測の変動増幅を引き起こしている主たる原因である需要予測情報をサプライチェーンの各段階で共有し、需要予測の精度を上げていくことが必須になる。需要情報の供給に関しては市場に最も近い最終顧客段階での情報を共有する必要がある。ただし、この最終顧客段階の需要予測情報の共有によって、ブルウィップ効果を最小化するには、最終顧客の需要を満たすという共通目標のもと、サプライチェーンにおける様々な段階、すなわち、サプライヤー、メーカーの製造・販売部門、物流業者、小売業者が、共有化している最終顧客段階の需要予測と各々の部門の業務計画

との連動を図り、サプライチェーンの主要な活動を統合していくという企業間の協働が不可欠である（Lee *et al.*, 1997; Narasimhan and Kim, 2002; Zailani and Rajagopal, 2005; Kim, 2006; Flynn *et al.*, 2010）。注文を受けた顧客に納品を完了するには、以下のプロセスが必要だが、そのプロセスが、従来のように、段階ごとにバトン・リレーのようなかたちで引き継がれていくと、ブルウィップ効果をまともに受けてしまう。受注から納品までのプロセスは、まず、工場への生産依頼から始まり、依頼を受けた工場はサプライヤーから部品を購入し、製品を生産する。生産された製品は、まず、販売会社の倉庫へ配送され、次に、そこから小売業者の倉庫に配送される。そして、最終的に顧客に納品というものであるが、受注変動は最終顧客から遠ざかるほど増幅される傾向にあるためサプライチェーンの上流に位置する企業ほど需要予測の誤差は大きくなりやすい。共通した1つの需要予測（one forecast）をもとに、サプライヤー、メーカーの製造・販売部門、物流業者、小売業者を横断的につなぐような1つのチーム（one team）で協働していくことで、初めて需要予測の変動増幅を減少、すなわち、ブルウィップ効果を最小化できるのである。

　しかしながら、実際のグローバルな企業運営は、上記のような簡略化された話よりもはるかに複雑である。前述の需要情報の共有とは別に各組織の固有の論理と行動規範が対立関係を生み出し、需要情報共有あるいはその必要性の認識を妨げているのである。たとえば、工場は、毎日標準化された製品をできるだけ大量に生産することが望ましく、生産量の平準化を重要視する。一方、小売業者は、多量な品揃えの中で、顧客が欲しい製品を、欲しいと言った時に、欲しい量だけ供給することが望ましく、販売機会損失の削減ないしは撲滅を重んじる。このように標準化された製品を大量に生産したい工場と、多様な製品を短納期にフレキシブルな数量で提供されることを望む小売業者では行動規範が異なり、最終顧客の段階の需要情報を共有し、それに基づいて生産・販売計画を一元化していくことは難しい。

　そのうえ、冒頭の例のように、日本で開発した製品を、中国で生産し、全世界で販売するという、国をまたいで事業を展開している場合は、文化や組織のポジションの違いによって、こうした対立関係が増幅されてしまう可能性もある（大木, 2017）。特に、日本企業の場合、製造部門は日本人駐在員が権限をも

つことが多く、現地市場の販売は現地国籍の従業員幹部が権限をもって、海外小売業者とやりとりをすることが多い。このため、両者の調整は、国内の同じ日本人間の場合よりも難しい。製造を担当する日本人からすれば、現地市場のことが深くはわからないため、現地市場を深く知る現地国籍従業員の需要予測に対してコメントをすることは難しい（大木, 2017）。一方、販売を担当する現地人からすれば、海外でのものづくりの事情はよくわからないため、コスト、品質、納期の問題があったと連絡があっても、問題の本質に深く入り込んで工場と調整することは容易ではない。

　結果として、グローバル・サプライチェーンにおけるメーカーと小売業者の企業間の協働とはいっても、それを実際のビジネスで実現することは大変難しく、とらえどころのない目標にとどまってしまっている（Wong *et al.*, 2012; Morita *et al.*, 2011; Beth *et al.*, 2003）。**図 1.2** が示すように、グローバル・サプライチェーンにおいては、職能の行動規範や国の文化が異なるメーカーと小売業者の間で、対立が生じやすい。その結果、メーカーと小売業者間のサプライチェーンが分断され、顧客ニーズに対応できず販売は低迷、需要予測の精度低下により在庫や欠品も増えていくという悪循環に陥ることが多い。学術的にも、異なる利害関係者間の複雑な協働活動をいかにして企業のパフォーマンス向上

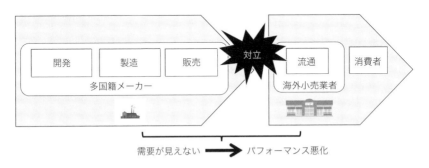

図1.2　グローバル・サプライチェーンにおけるメーカーと小売業者の分断

（出所）著者作成

に結びつけているかについては、組織内部の文脈をすべて把握しきれない外部の研究者からはわかりづらく、その研究蓄積も限定的である（Matchette and von Lewinski, 2006; Lee *et al.*, 1997）。

　既存の研究で本書が注目するのは、Chopra and Meindl（2012）による戦略的適合という概念である。戦略的適合とは、商品戦略とサプライチェーン戦略の整合性がとれ、目標が共有されている状態を指す。ただし、彼らの研究では、戦略的に適合されたサプライチェーンを構成する主たる要素の説明と適合されたサプライチェーンがパフォーマンスに影響を与える可能性が述べられているのみで、適合させる条件として、どのような要素を、どのように組み合わせれば、どのようなパフォーマンスを獲得できるかといった具体的な方法論については触れられていない。

　本書では、彼らの研究に基づきながら、どのようにしたらサプライチェーンにおける企業間の協働を成功に導くことができるか、より実践的な枠組みを考える。それがこれから述べる一連の事例研究である。著者は、もともと日本の総合家電メーカーにて、30 年以上、国際マーケティングに従事し、実際にデジタルスチルカメラにおけるフランスの小売業者とのサプライチェーン協働を主導するプロジェクトのリーダーに就く機会を得た。その実務と検証を経て、本書はメーカーの視点から、製品ライフサイクルの段階（以下、製品ライフサイクルとする）、パートナーとなる小売業者のタイプを鑑みた選択（以下、小売業者の選択とする）、製品カテゴリーの特性（以下、製品カテゴリーとする）、協働活動の内容に見る協働レベル（以下、協働レベルとする）といった 4 つの協業要素をマッチングさせることで適切なサプライチェーンの協働を実現する、新しい枠組みを提案するものである。

　この枠組みは、経営パフォーマンスを低下させる最大の要因である需要予測の難しさを克服するために小売業といかに協働するかということを企図して構築している。需要予測の難しさの最大の原因は、需要の不確実性である。需要の不確実性が大きければ大きいほど、需要予測の精度は低くなり、小さければ、精度は高まる。新製品の市場導入活動の設計の時から、この枠組みに基づいて適切なサプライチェーンの協働を行うことで、需要の不確実性低減を通じて需要予測の精度を向上させ、企業のパフォーマンス向上に結びつくことを検証し

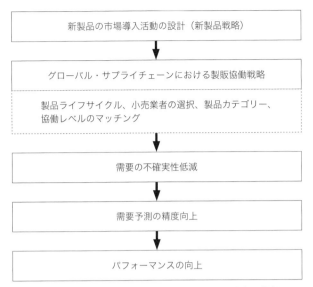

図1.3　需要予測の精度向上のための製販協働戦略の枠組み

（出所）著者作成

ている。図 1.3 は、この分析的枠組みを示したものである。

　図 1.3 で示した通り、研究にあたっては、グローバル・サプライチェーンにおける製販協働戦略を、需要の不確実性低減を通じた需要予測の精度向上のためにはどのような協働のプロセスが必要かという視点から分析を試みている。需要予測の精度に注目したのは、2つ理由がある。1つは、協働活動がうまくいけば、需要予測の精度は向上し、在庫は健全化、欠品も発生しない。うまくいかなければ、需要予測の精度は低下し、在庫や欠品も増えていくというように協働活動の成否が企業のパフォーマンス向上と直結している最もわかりやすい指標の1つだからである。もう1つは、需要予測は、サプライチェーンにおける様々な活動の要となる重要な情報だからである。需要がいつ、どれくらいの量あるかに関する情報は、部材の調達や製品の生産・物流の計画・販売の計画の基礎となっている。

　しかしながら、このように極めて重要な活動にもかかわらず、需要予測の精度向上には多くの困難が伴う。著者はその原因の1つが、設計された価値と実際に顧客が求める価値の間のミスマッチの存在であると考える。本書では、需

要予測の精度向上の課題の本質を、予測手法に関する技術的なもの以上に、製品の価値と顧客が求める価値の間のミスマッチにあるととらえている。著者はこの種のミスマッチはサプライチェーン・プロセスにおける不適切な行動によって生じるという問題認識に立つ。たとえば、ターゲットとする顧客層の需要に応えるため、製品には一定の価値が注入される。しかしながら、実際のビジネスの現場では、生産の稼働率を上げるために、販売を増やせという本社からの指示が出されることで、ターゲットとは異なるセグメントの顧客にも販売せざるを得ないことが多い。この場合、上記の販売データからは、理論的に想定されていたものとは異なる需要パターンが現れることになる。その結果、需要の不確実性が拡大するため、需要予測の精度は下がり、在庫や欠品も増えていくという問題が発生する。さらに、新製品の導入期には、製造側も、売り先・売り方を含めて、全体の新製品導入活動の設計を行うが、成長期以降は、販売側の現場任せになりがちである。その結果、製品のライフサイクルが進むほど、製品戦略と売り先・売り方が適合せず、需要の不確実性が拡大する中、需要予測の精度が低いままに放置され、在庫や欠品も増えていくという問題が同様に発生する（永島，2017）。

　さらに、メーカーが消費者への販売を、小売業者を介して行う消費財の場合、パートナーの小売業者のタイプを踏まえて、どのようなタイプの製品（高付加価値タイプか、普及品タイプか）を、どの製品ライフサイクルの段階（導入期か、成熟期か）に、どのような活動（小売業者との協働の異なるレベルで規定される）を通じて販売するのか（対面販売か、特売価格販売か）などをあらかじめよく考える必要がある。なぜなら、小売業者は、その業者の特性により、ターゲットとする顧客に合った販売ノウハウや顧客情報を有しており、その特性を活かすかたちで、製品の売り方をもちかけないと需要予測も含めたパフォーマンスを発揮できないからである。たとえば、家電製品の場合、高付加価値製品の導入期には、メーカー直営店や専門店での対面販売を中心に、ターゲットとする新しもの好きの顧客に対して製品価値を訴求していくのが最適な手段である。その一方で、コモディティ化した低価格製品の成熟期には、ディスカウントストアーや大型スーパーで低廉さを前面に出して、価格に敏感な顧客に訴求していくのが最良の選択肢である。しかしながら、実際のビジネスの

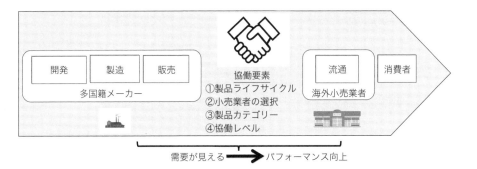

・4つの協働要素のマッチングを通じて、グローバル・サプライチェーンにおける適切な協働が実現可能
・その成果として、需要予測の精度およびパフォーマンスが向上（販売・在庫・欠品面）

図1.4　製販協働戦略によるグローバル・サプライチェーンの運営

（出所）著者作成

現場では、こうした棲み分けは、うまく行われておらず、製品のライフサイクルや商品特性にかかわらず、量を求めて、家電量販店で販売されている。

　こうした問題を解決すべく、メーカーとして小売業者との協働のパフォーマンスを持続的に維持していくためにどうすべきかを提示することが本書の目的である。その成功の鍵は**図1.4**が示すように、協働において前述の4つの要素（製品ライフサイクル、小売業者の選択、製品カテゴリー、協働レベル）をマッチングさせることにあると考える。先行研究では見過ごされてきた4要素の組み合わせとパフォーマンスの関係を整理することによって、その相関を明らかにする。この作業により、需要の不確実性低減にとって本書の主張である4つの要素のマッチングに向けた「協働」の努力がいかに重要であるかが、より鮮明になる。

3　本書の構成

　本書は、上記のような問題意識と意図をもって、編集されたもので、3部構成（Part Ⅰ～Part Ⅲ）になっている（**図1.5**参照）。Part Ⅰは理論的枠組み、Part Ⅱは実証研究、Part Ⅲは結論・インプリケーションである。まずPart Ⅰは、グローバル・サプライチェーンにおける製販協働についての概観を述べる。

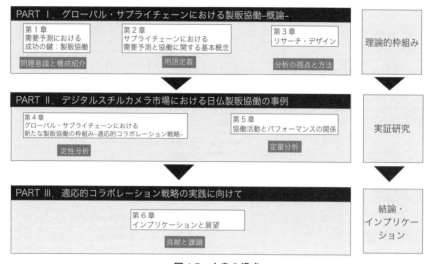

図1.5　本書の構成

(出所) 著者作成

　第1章として本書の問題意識、意図、構成が整理される。第2章は、サプライチェーンにおける需要予測と協働に関する基本概念について先行研究を中心に考察していく。サプライチェーンやその戦略的適合の概念を提示、そのうえで、サプライチェーンの協働とそのパフォーマンスを分析するために重要と思われる要素を抽出する。第3章は、サプライチェーン協働とそのパフォーマンスを分析するために重要と思われる要素の関係について、先行文献の分析枠組みを整理する。その中で、SCMの研究領域では、サプライチェーン協働とそのパフォーマンスの関係についての実証的研究はほとんど行われていないことを明らかにする。次に、本書の調査・分析についての視点、方法を述べる。

　PartⅡでは、本書のコアとなる実証研究を通じて、サプライチェーンの協働がどのように行われるかという観点から、デジタルスチルカメラ市場における日仏サプライチェーン協働の成功事例を分析する。第4章では、第3章で提示されたサプライチェーン協働の分析視点をもとに、協働を構成する各要素を実際のビジネスにおいて、どのように組み合わせて成果を創出しているのか、日本メーカー企業Xとフランス小売業者3社の事例研究を通じて検証する。

そのうえで、製販協働を成功に導く概念的な枠組みを提示する。第5章では、第4章において提示された概念的な枠組みに基づいて構成要素が組み合わされた協働活動とパフォーマンス（需要予測の精度向上）の関係を、データをもとに実証的に検証する。

　PartⅢでは、結論をまとめ、インプリケーションを導いている。第6章では、本書の理論的・実務的インプリケーションと今後の研究課題を述べる。

参 考 文 献

Beth, S., Burt, D. N., Copacino, W., Gopal, C., Lee, H. L., Lynch, R. P., Morris, S. and Kirby, J. (2003), "Supply chain challenges: Building relationships," *Harvard Business Review,* Vol. 81, No. 7, pp. 64-73.

Chopra, S. and Meindl, P. (2012), *Supply Chain Management,* fifth edition, Pearson Prentice Hall.

Flynn, B. B., Huo, B. and Zhao, X. (2010), "The impact of supply chain integration on performance: A contingency and configurational approach," *Journal of Operations Management,* Vol. 28, No. 1, pp. 58-71.

Forrester, J. W. (1958), " Industrial dynamics: A major breakthrough for decision makers," *Harvard Business Review,* Vol. 36, pp. 37-66.

Kim, S. W. (2006), "Effects of supply chain management practices, integration and competition capability on Performance," *Supply Chain Management: An International Journal,* Vol. 11, No. 3, pp. 241-248.

Lee, H. L., Padmanabhan, V. and Whang, S. (1997), "The bullwhip effect in supply chains," *Sloan Management Review,* Vol. 38, No. 3, pp. 93-102.

大木 清弘（2017）『コア・テキスト国際経営』新世社.

Matchette, J. and von Lewinski, H. (2006), "How to enable profitable growth and high performance," *Supply Chain Management Review,* Vol. 10, No. 4, pp. 49-54.

Morita, M., Flynn, E. J., Ochiai, S. (2011), "Strategic management cycle: The underlying process building aligned linkage among operations practices," *International Journal of Production Economics,* Vol. 133, No.2, pp. 530-540.

永島正康（2017）「グローバル・サプライチェーンと製造-販売協働」『旬刊経理情報』

中央経済社, 年初特大号, 1 頁.

Narasimhan, R. and Kim, S. W. (2002), "Effect of supply chain integration on the relationship between diversification and performance: Evidence from Japanese and Korean firms," *Journal of Operations Management*, Vol. 20, No. 3, pp. 303-323.

Wong, C., Skipworth, H., Godsell, J., and Achimugu, N. (2012), "Towards a theory of supply chain alignment enablers: A systematic literature review," *Supply Chain Management: An International Journal*, Vol. 17, No. 4, pp. 419-437.

Zailani, S. and Rajagopal, P. (2005), "Supply chain integration and performance: US versus East Asian Companies," *Supply Chain Management: An International Journal*, Vol. 10, No. 5, pp. 379-393.

第 2 章

サプライチェーンにおける
需要予測と協働に関する基礎概念

　本書では、サプライチェーンにおける製販協働戦略を、需要の不確実性低減を通じた需要予測の精度向上のためにはどのような協働のプロセスが必要かという視点から分析する。そのために、本章では、サプライチェーンにおける需要予測と協働を効果的に管理するために必要な基礎概念やその実践方法に関する説明を展開する。テーマは、サプライチェーン・マネジメント（supply chain management: SCM）、サプライチェーン戦略、サプライチェーンのパフォーマンスとその原動力ならびに障壁となる要素、需要予測、連続補充方式（continuous replenishment programs: CRP）、協働的な商品販売計画・需要予測・補充（collaborative planning forecasting and replenishment: CPFR）についてである。

1　サプライチェーン・マネジメント（SCM）

　近年、実務家および研究者たちは競争優位獲得の観点から、SCM に関心を払うようになってきている。その一方で、実際のビジネスにおいて、SCM に期待する成果を得ている企業は決して多くない（Moberg *et al.*, 2003）。その背景として、主に以下に述べる 3 つの理由が考えられる。

　第 1 に、実務家と研究者との間で、何が SCM を実践するうえで重要な論点であり、要素であるかについての合意ができていないことがあげられる。特に、研究者の間では、SCM に関する様々な概念、いわゆる What の部分は明らかにされているものの、それを実践に結びつける How に関する研究蓄積が限定的である（Lambert *et al.*, 2004; Li *et al.*, 2006）。第 2 は、サプライチェーン実

践によって成果を創出するにあたり、そのサプライチェーン活動と成果の関係についての体系的な研究蓄積の不足である。サプライチェーンは多様な活動で構成されているものの、その中のどのような活動がどのような成果に影響を及ぼしているのかについては、十分に議論がなされていない（Matchette and von Lewinski, 2006; Lee *et al.*, 1997）。第3に、サプライチェーンが、サプライヤー、メーカー、小売業者、最終顧客といったそれぞれ行動規範の異なる組織によって構成されていることがある。たとえば、製造部門の目標は、工場の稼働である。そのため、長期の先行受注をベースに、標準化された少数の製品を大量に製造し、安定的な工場運営を目指そうとする。一方、販売部門の目標は、売上高の増加である。そのために、日々目まぐるしく変化する市場に対応すべく、できるだけ多くの品揃えの中で顧客（メーカーの場合は、小売業者）の少量の注文要望にも柔軟に対応し、欠品による販売機会の損失をなくそうとする（Beamon, 1999）。このように、サプライチェーンにおける各組織の間にトレードオフの関係があるため、各組織は、本来目指すべきサプライチェーンの全体最適というより、その組織のための部分最適な行動に走りがちになる。

　この節では、上記のような問題への対応を考えていくために、SCM 研究に関する主要概念とその実践方法について整理をしていく。

1.1　SCM の定義

　本書では、サプライチェーン（SC）を、「原材料が調達されてから製品が最終顧客に届くまでの一連のプロセス」と定義する[1]。一連のプロセスとは、製品開発、原材料の調達、製造、物流、マーケティング、販売などのプロセス全体を指す。

　サプライチェーンには部品のサプライヤー、メーカー、卸売業者、小売業者、

1）実際のビジネス（たとえば、消費財）では、メーカーは複数のサプライヤーから部品や原材料を購入し、また、複数の卸売業者に販売していることが多い。そのため、サプライチェーンの構造は、その名前が表すようなチェーン（鎖）構造ではなく、サプライヤーから最終顧客にいたるまでのネットワーク（網）としてとらえることもできる（Chopra and Meindl, 2012; Mentzer *et al.*, 2001; Christopher, 1998）。以上のように部品・材料や商品販売などモノの実際の流れに着目すれば、サプライチェーンはネットワーク構造を示すものである。しかしながら、本書では各プロセスの機能がどのように連鎖しているのかに焦点を当てることから、多くの組織が担う機能的な「一連のプロセス」の側面を重視し、サプライチェーンを定義している。

最終顧客など複数の組織が含まれ、製品開発、原材料の調達、製造、物流、マーケティング、販売といった一連のプロセスが構築される。たとえば、自動車業界では、完成品メーカーが製品開発を担い、市場導入に向けて部品メーカーに発注を行う。その発注をもとに、部品の原材料を製造・販売するメーカーは鋳鉄や樹脂材などを部品サプライヤーへ供給する。サプライヤーによって製造された部品は完成品メーカーの工場に供給され、そこで組み立てが行われる。製造された自動車は工場からディーラーに出荷され、店頭に商品が並ぶ。店頭ではマーケティングが仕掛けたキャンペーンやプロモーションが訴求されており、最終顧客が自動車を選択し、購入できるようになる。以上のように、サプライチェーンには多くの組織およびプロセスが存在する。

　多くの組織とプロセスが関わるサプライチェーンを効率的なプロセスとして成立させるためには、原材料供給から商品販売までの一連のプロセスを統合する必要がある。その統合に関する概念が、SCM である。その本質は、自社が提供する商品やサービスの特性をよく分析したうえで、需要と供給をマッチングさせることにある。そのために、マーケティング、販売が需要を創出し、製品開発、調達、製造が、その需要にマッチングした供給を実践していく。その成功の鍵を握るのが、需要予測である。なぜなら、この需要予測に合わせて、調達、製造、販売といった企業の主たる活動の計画が立案され、その計画に基づき、各活動のオペレーションが実行に移されるからである。この需要予測が適切に行われないと、在庫が適正に管理されず、経営を圧迫してしまう。

　しかしながら、消費市場の成熟化、商品の短命化、技術革新の加速化、企業間競争のグローバル化といった近年のビジネス環境は、需要の不確実性を拡大させている。その中で、メーカーおよび小売業は、従来の事業形態を小品種・大量生産・販売から、多品種・少量生産・販売へと移行させてきた。その結果、需要を予測することが極めて難しくなり、企業の全体在庫が増えてしまうリスクにさらされている。

　今日のように企業間競争が激化している中、顧客が欲しいものを、欲しい時に供給できないという商品の欠品問題は、商品ならびに販売店舗に対する顧客からの信頼を著しく損なってしまう。一方、企業が成長するためには、販売の増大も欠かせない。一般的には、販売増大のためには、欠品による機会損失を

避けるべく在庫を多めにもつことになる。しかしながら、その一方で在庫削減のために欠品や販売減少を覚悟で仕入れを抑えることも行われる。このように、企業は SCM を通じて、販売増大・欠品削減と在庫削減という二律背反の課題を解決しなければならない（伊藤・永島、2003）。

　こうした二律背反の課題を解決するために、実際のビジネスでは、小売業者から最終消費者への実際の販売（実需）情報である POS[2] データを商品供給側に提供し、逆にメーカーからは製造や在庫に関わる情報を小売業者に提供することで、供給の最適化を図る仕組みを構築している。その仕組みは、最終顧客へ提供する価値を最大化すべく、サプライチェーン内の組織が全体最適の立場から機能分担することが前提になる。

　さらに、需要と供給のマッチングの観点からは、需要パターン、顧客セグメント、価格弾力性、購買タイミング、チャネルなどの需要の特徴を把握する必要がある。他方、供給の特徴としては、在庫、製造コスト構造、流通コスト構造、サプライヤー管理、外注、協働のあり方について考慮すべきである。サプライチェーン構築にあたり、対象とする顧客、商品、プロセスの違いにより、それに適合したサプライチェーン形態は異なったものとなる（松尾, 2009）。

　SCM が管理すべき項目として、**図2.1** が示すように商品、情報、資金の3つの流れがある。商品の流れはサプライチェーンと同方向であるが、情報、資金の流れは、サプライチェーンとは逆方向となる。SCM は、この3つの流れを管理しつつ、それらに関する様々な意思決定をしなければならない（詳細は、本章1.2項「サプライチェーンの意思決定」参照）。この3つの流れ、特に情報とサプライチェーンの効率性との間には、密接なつながりがある（Chopra and Meindl, 2012）。たとえば、第1章で述べたメーカーと小売業者間のサプライチェーンが分断された状態では、サプライチェーンの川上と川下のパートナー間で情報の整合性がとれず（Prajogo and Olhager, 2012）、サプライチェーンのパートナーは不完全な情報に基づいて需要を予測しなければならなくなる。そのため、ブルウィップ効果が生じ、過剰在庫や欠品などの経営ロスが生じることになる（Lee *et al.*, 1997）。このブルウィップ効果に対処するためには、

2）POS とは、point of sale system の略称で、物品販売の売上実績を単品単位で集計することである。

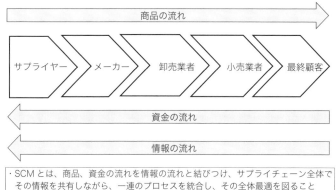

図 2.1　サプライチェーン・マネジメント（SCM）とは何か

（出所）Chopra and Meindl（2012）p.5　Figure1.2「Supply Chain Stages」をもとに著者作成

需要予測の変動増幅を引き起こしている主たる原因である需要情報をサプライチェーンの各段階で共有し、需要予測の精度を上げていくことが必須になる。需要情報の供給に関しては市場に最も近い最終顧客段階での情報を共有する必要がある。このようなかたちで、サプライチェーン内で流れる情報をさらに効率的な経営に結びつけていく。

　さらに、SCM が成功するには、顧客ニーズに応えるために、製品開発、調達、製造、マーケティングといった主要プロセスの機能を個々に管理するだけでなく、これらの機能が整合性をもって適合するように、サプライチェーン全体を「一連のプロセス」として統合していくことが必要である（詳細は、本章1.3 項「サプライチェーンのプロセス」参照）。

　以上を踏まえ、本書では、SCM を「商品、資金の流れを情報の流れと結びつけ、サプライチェーン全体でその情報を共有しながら、一連のプロセスを統合し、その全体最適を図ること」と定義する（**図 2.1** 参照）。つまり、部品サプライヤー、メーカー、卸売業者、小売業者といった各組織が担う個別プロセスの最適化ではなく、サプライチェーン全体のプロセスを統合し、全体最適化を目指す概念が SCM である。

1.2　サプライチェーンの意思決定

　SCMを成功させるためには、各組織の情報、商品、資金の3つの流れに関する意思決定をサプライチェーン全体の価値を高めるかたちで同期しながら行わなければならない。この決定は、その決定の頻度と時間軸によって3つの局面に分かれる。

　第1は、サプライチェーン戦略である。この局面では、企業はある商品のマーケティングと価格計画に基づき、数年間にわたるサプライチェーンをどのように構築するかについての意思決定を行う。その決定は、サプライチェーンの構成をどうすべきか、資源はどのように配分すべきか、各段階でどのようなプロセスを実施すべきかといった内容である。特に戦略的な意思決定として、主要部品や完成品の製造の外注化の是非、製造および倉庫の拠点配置や規模、在庫をサプライチェーンのどの段階でどれだけもつか、どのような情報をどのタイミングでどのようなシステムを通じて共有するか、そして商品の価格や輸送手段などがある。各企業は、サプライチェーンの内容を自社の戦略目標に照らし合わせて整合性をもたせ、そしてサプライチェーンの各段階が顧客への提供価値を高めるように設計しなければならない。サプライチェーン戦略に関する意思決定は、通常、中長期（数年間）単位で行われる。戦略的な意思決定を短期間で変更しようとすると、その変更された戦略の実施に多大な費用がかかるため、企業がサプライチェーン戦略に関する意思決定を行う時は、中長期（数年間）にわたり予想される内外の環境の不確実性を考慮に入れて行わなければならない。

　第2は、サプライチェーン計画である。この局面での意思決定の時間軸は、4半期から1年である。その目標は、戦略立案時において確定された制約条件の下で、計画期間にサプライチェーンが顧客に対して提供する価値全体を最大化することである。企業は異なる市場における次年度（あるいは、4半期から1年以内の時間軸）の需要予測から計画を開始させる。この計画には、どの市場にどの拠点から商品を供給するか、製造の委託、在庫方針、価格を含めたマーケティング活動の内容・タイミングについての意思決定が含まれる。その意思決定は、対象となる時間軸（4半期から1年）における需要、為替レート、競合状況についての不確実性を反映しなければならない。この計画局面を経て、

企業は短期のオペレーションに関連した一連の政策を決定することになる。

　第3は、サプライチェーン・オペレーションである。この局面での意思決定の対象期間は、月次、週次、日次といったものになり、企業は個々の顧客の注文についての決定を行う。オペレーションのレベルではサプライチェーンの戦略や計画はすでに決まっている。サプライチェーン・オペレーションの目標は、顧客の注文を可能な限り最良の方法で処理することである。この局面では、企業は全体の在庫もしくは製造を個別の注文に配分し、商品の納入日を決め、倉庫でのピックアップ・リスト作成と発送手段の指定を行い、トラックの配送スケジュールを決め、補充品の発注をする。オペレーションに関する決定は短時間（分、時、もしくは日単位）でなされるため、需要に関する情報の不確実性は大きくない。戦略と計画方針によって決められた制約条件の下で、オペレーションに求められるのは、こうした不確実性が減少している局面を最大限活用して成果を最大化していくことである。

　サプライチェーンの戦略、計画、オペレーションは、サプライチェーンが顧客に提供する価値に強い影響を与える。すなわち、企業が顧客価値の提供に成功するかどうかは、効果的なサプライチェーン戦略や計画の設計、ならびにオペレーションの実践にかかっているといえる（Chopra and Meindl, 2012）。これらサプライチェーンの戦略、計画、オペレーションに関わる重要業務の1つが、需給調整業務である。需給調整業務においては、需要予測に基づき、販売見通しを立て、製造や調達量を調整し、その計画に基づいて調達、製造、販売のオペレーションを各々実行していく。この過程において、各部門との様々な調整が必要となる。このように、需給調整業務は、需要予測に基づき、様々な部門が連携し情報共有と合意形成をしながら進める代表的な意思決定作業である。

　このように、サプライチェーンの意思決定は直面する多様な内外環境の不確実性の中で実施されなければならない。総じて、サプライチェーンを取り巻く不確実性において、重視すべきは需要の不確実性である。そして、需要の不確実性の影響を最も受けるのが、需要予測である。需要の不確実性が大きければ大きいほど、需要予測精度は低くなり、小さければ精度は高まる。需要の不確実性により、需要予測の精度が問題になってくるのである。

1.3　サプライチェーンのプロセス

　伝統的にサプライチェーンの川上と川下は、両者が散発的に情報を交換するだけの分断された関係にあった（Lambert *et al.*, 2004）。すでに述べたように、SCM が成功するには、顧客ニーズに応えるために、製品開発、調達、製造、マーケティングといった主要プロセスの個々の機能を管理するだけでなく、これらの機能をサプライチェーン全体のプロセスとして統合していくこと必要がある。

　サプライチェーンにおけるプロセスには、2つの異なるとらえ方がある（Chopra and Meindl, 2012; Lambert *et al.*, 2004）。その1つは「サイクル」の視点である。サプライチェーン内のプロセスは一連のサイクルに分割され、サプライチェーンの各段階をつなぐかたちで機能する。分割サイクルには、最終顧客と小売業者の間で循環する顧客注文サイクル、小売業者と卸売業者の間で循環する補充サイクル、卸売業者とメーカーの間で循環する製造サイクル、そしてメーカーと部品サプライヤーの間で循環する調達サイクルがある。これら各サイクルが数珠つなぎとなり、1つのサプライチェーン全体を構築している。

　もう1つの視点は「プル」と「プッシュ」である。サプライチェーンにおけるプロセスは、最終顧客の需要にどのタイミングで応えるかによって、「プル型」（顧客の実際の注文に応じて実施されるもの）と「プッシュ型」（顧客の注文を予測して実施されるもの）の2つのカテゴリーに分類される（Chopra and Meindl, 2012）。

　以下、サプライチェーン・プロセスにおける「サイクル」と「プル・プッシュ」のとらえ方について、詳細を述べていく。

▶ サプライチェーン・プロセスにおけるサイクルの見方

　たとえば、一般的なケースとして、**図2.2** が示すように、5段階のサプライチェーンが存在している場合、そのプロセスは各段階をつなぐかたちで、以下のような4つのサイクルに分割される（Chopra and Meindl, 2012）。

　顧客注文サイクル、補充サイクル、製造サイクル、調達サイクルという4つのサイクルは、それぞれサプライチェーンの各段階をつなぐところで発生する。このように、最終顧客、小売業者、卸売業者、メーカー、サプライヤーといっ

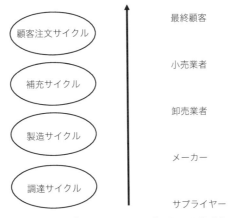

図 2.2　サプライチェーン・プロセスのサイクル

（出所）Chopra and Meindl（2012）p.11 Figure1.3「Supply Chain Process Cycles」

　た 5 段階のサプライチェーンは、4 つのサイクルによって構成され、各々のサイクルには、売り手と買い手が存在する。たとえば、Amazon のオンラインの顧客は、顧客注文サイクルの中で購買する。このように、顧客は買い手、Amazon は売り手になる。その一方で、Amazon が補充のために卸売業者に本を注文する場合は、補充サイクルとして Amazon は買い手、卸売業者は売り手になる。ただし、すべてのサプライチェーンにおいて明確に分かれた 4 つのサイクルが常に存在しているわけではない。たとえば、食品業界のサプライチェーンは、メーカーから供給を受けた卸売業者が小売業者に補充をし、小売業者が在庫をもつため、4 つのサイクルが存在する。その一方で、メーカーである Dell は顧客に PC を直販しているため、そのサプライチェーンには小売業者や卸売業者をつなぐ補充サイクルは存在しない。

　各々のサイクルにおいて、買い手の目標は、必要な商品の在庫を確保し、ある程度のまとまった量を購入することで規模の経済のメリット（割引）を享受することである。売り手の目標は、買い手が必要なものを、必要なだけ、必要な時に届けられるよう受発注のプロセスを常に改善しておくことである。このように、サプライチェーン・プロセスにおけるサイクルの見方は、サプライチェーン内のそれぞれの組織の役割と責任を明確に示し、各プロセスにおける

期待すべき成果が示されることから、オペレーション上の意思決定をする時には大変有用である（Chopra and Meindl, 2012）。

　各サイクルは同じプロセスを有している一方で、需要の不確実性という観点からすると、異なる面もある。顧客注文サイクルにおいては、顧客からの受注がいつどれだけくるかを予測する精度は低い（需要の不確実性は高い）。一方、サプライチェーン・プロセスにおける各サイクル内の需要は予測することが可能である（需要の不確実性は低い）。たとえば、自動車業界の顧客注文サイクルでは、顧客からの最終注文がいつどれだけくるかは、外部環境（他社の動向や景気動向など）次第で正確に予測することは難しいが、調達サイクルでは、完成車メーカーの生産計画が一旦確定すれば、部品サプライヤーはメーカーからの注文見合いをほぼ正確に予測することができる。

▶ サプライチェーン・プロセスにおけるプッシュ型とプル型

　サプライチェーン・プロセスは、最終顧客の需要にどのタイミングで応えるかによって、「プッシュ型」、または、「プル型」のいずれかのカテゴリーに分類することができる（Chopra and Meindl, 2012; Simchi-Levi *et al.*, 2008）。

　プッシュ型は、顧客からの長期需要予測をもとに、いつ・誰に・どれだけ売れるかの需要をあらかじめ見込むものである。その見込みをもとに、製品や仕掛り在庫を準備し、需要が実際に発生した時点で、それらの在庫を顧客別に割り当てるものである。このプッシュ型は、先行して在庫を保有するため、需要パターンの変化に対応できず、過剰在庫や販売機会損失・欠品などを引き起こす可能性がある（Chopra and Meindl, 2012; Simchi-Levi *et al.*, 2008）。

　プル型は、供給タイミングを実際の需要の発生、またはその近くの時点まで引き伸ばし、需要に応じて、必要なものを、必要な量だけ、必要なタイミングに供給するものである。実需[3]で消費された分だけ、機敏に補充生産すること、つまり、市場に向かって下流側の製品引き取り（プル）を契機にして、上流側が部品を加工して補うことになる。生産は実需に対応するように流すことで仕掛品および完成品の在庫過剰の危険性を最小限にできると考えられている。プ

3）実需とは、小売業者の店舗から消費者に対して実際に販売された商品の需要のことである。

ル型の実践にあたっては、そのプロセスが複雑なため、多大な労力と資金が必要になる（Chopra and Meindl, 2012; Simchi-Levi *et al.*, 2008）。

　Simchi-Levi *et al.*（2008）によると、サプライチェーン戦略はプッシュ型、プル型のいずれからも便益を得ることができる。プッシュ型とプル型のプロセス段階の境界は、受注に対して、どのポイントで在庫を構えるかという意味で「プッシュとプルの境界（decoupling point）」として知られている（図 2.3 参照）。プッシュ型とプル型の視点は、サプライチェーン設計に関する戦略決定を検討する時に非常に役立つ。その意思決定の判断基準は、サプライチェーンにおける需要と供給がうまくマッチングするようなプッシュ・プルの境界をどこに見出すかである（Simchi-Levi *et al.*, 2008）。たとえば、顧客からの受注に基づき、カスタマイズ商品を提供する BTO（build to order）型のパソコンや自転車のビジネスにおいて、そのサプライチェーンはプル型と考えられがちだが、現実には調達リードタイムが長い部品があるため、個別のカスタマイズが必要な部分以外は受注に先立って見込みで製造するプッシュ型との組み合わせで展開される。また、プル型とプッシュ型の組み合わせとして、より身近な

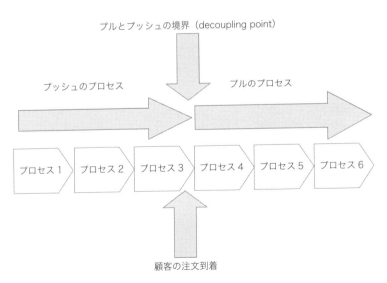

図 2.3　サプライチェーンのプルとプッシュの見方

（出所）Chopra and Meindl（2012）p.13 Figure1.5「Push/Pull View of the Supply Chain」

ケースでは回転寿司店においても、1つの店舗において提供する商品ごとにプッシュ型とプル型が混在する。そこでは、プッシュ型の折詰寿司弁当からプル型のカウンターでの注文にいたるまで、寿司製造のタイミングと実需発生の時間差により、複数のサプライチェーンの型が存在している。このように、企業は自社商品の実需発生に合わせ、プッシュ型とプル型の選択や組み合わせといった意思決定とサプライチェーンの設計を行う。

1.4　サプライチェーンの協働

　本書では、SCM を「商品、資金の流れを情報の流れと結びつけ、サプライチェーン全体でその情報を共有しながら、一連のプロセスを統合し、その全体最適を図ること」と定義した（本章 1.1 項「SCM の定義」参照）。このプロセス統合のためには、部門や組織を超えた協働が不可欠である。特に、異なる部門間がつながるサプライチェーンでは、その管理を1社ですべて実施することは現実的ではなく、企業間の協働が重要な課題となる。

　本書では「協働」を調整や協調とは異なる用語として使用している。実際のビジネスでは「協働」の用法や意味が、調整や協調と混在して使用されている場合が多い。本項では、調整および協調との違いを明確にすることで「協働」を定義し、また、協働には、どのようなレベルがあるのかについて明らかにしていく。

▶ 調整、協調および協働の定義

　サプライチェーンの協働は、Simatupang and Sridharan（2002）によれば、2つ以上の企業が一緒に働き、単独では達成できない競争上の優位性とより高い価値を創造する行為だと定義される。一方、Daugherty *et al.*（2006）によれば、協働とは、事業買収することなく、企業の垂直統合のメリットを享受するために、企業内で情報を共有し、戦略プランを共同で作成し、オペレーションを同期させることだと述べている。このようにサプライチェーン協働の定義が十分に定まっていない結果、協働という用語と調整や協調といった他の類似した用語とを明確に区別することが困難となっている（Spekman *et al.*, 1998; Golicic *et al.*, 2003; Singh and Power, 2009）。

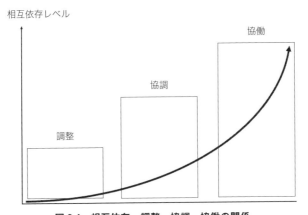

図2.4　相互依存、調整、協調、協働の関係

（出所）Spekman *et al.*（1998）p.66 Figure 4「Supply Chain Management Strategy」をもとに著者作成

　Spekman *et al.*（1998）は、調整、協調、協働を**図2.4**のように定義している。これらの用語に共通しているのは、組織間の相互依存関係を管理するアプローチであるということである。違いは、以下になる。

　調整とは組織活動の効率化を推進するためのもので、全体の中の一組織に対して、どのように、どのタイミングで動くべきかを伝えようとするものである。たとえば、運動競技の時に腕や脚が一緒に動くのと似ている。しかしながら、調整は、本来別々の力を1つにまとめるために使われる枠組みであり、調整によって動きの効率化は図れるが、動きの成果まで保証するものではない。機械に油を十分にさすことで機械間の摩擦が減ったことを認識できても、期待する成果が達成されるかどうかまではわからない。実のところ、調整と成果との間には弱い相関関係しか確認できていない（Chopra and Meindl, 2012）。

　協調とは、個々の目標と共通の目標の間の緊張関係のバランスをとるためにコミュニケーションをとり、自ら所属する組織と他の組織の一方ないしは双方に便益をもたらすアプローチである。たとえば、ある企業がすぐに実施可能で、他企業に何らマイナスの影響を与えない納期スケジュールの変更を申し入れた場合のことをいう。この協調によって両社はその変更を実施するために協力し、一社もしくは両社ともが便益を得ることになるだろう。この場合、情報の流れ

は比較的単純で、各社とも変更を実施するのに必要な社内のスキルと能力を有している。

　協働とは、異なる組織間のそれぞれの個別目標達成を目的に、知識の蓄積と、より高いレベルでの共同意思決定、情報共有、共同目標設定が必要となる。たとえば、航空機業界にとって不可欠な原材料であるチタンの価格が高騰した時、ある航空機メーカーはサプライヤー各社と協働しながら費用データの共有と新仕様の共同開発を行い、設計上のチタン量を減らした。その結果、サプライヤーとメーカーの双方にとってメリットのある全体的なコスト削減になった（Chopra and Meindl, 2012）。こうしたケースが協働に該当する。

　つまり、Spekman et al.（1998）は、調整、協調、協働はそれぞれが異なる相互依存のレベルとコミットメントを必要とする全く異なる概念であり、明確な区別が必要であると述べている。さらに Golicic et al.（2003）も統合の力と質、密度という視点から、調整、協調、協働の明確な区別の必要性に言及している。

　サプライチェーンの協働は単独行動では達成できない競争優位の獲得および、より高い価値を創出するための、複数の企業による共同業務と定義される（Simatupang and Sridharan, 2002）。サプライチェーンの協働は、マーケティングや戦略経営といった多くの経営分野で注目されている（Min et al., 2005; Singh and Power, 2009）。そのため、「協働（collaboration）」は統合、調整、協調、あるいは単に情報共有といった多様なかたちで概念化され、定義されてきた。本書では、次節で述べるように「協働（collaboration）」を調整や協調と区別し、再定義する。その理由は、最小限のコストで最終顧客のニーズを効果的に満たすために、複数の自律的なパートナーあるいは組織が緊密な連携によって協働活動に取り組むことの重要性を明確に表現するためである。

▶ 協働のレベル

　上述の区分に基づき、本書では、調整、協調、協働の用語を、企業間の統合の異なるレベルという視点から次のように再定義する。調整は低度の統合、協調は中度の統合、そして協働は高度の統合とする。本書による以上の再定義は、組織間の関係レベルを区分するための、より明確で実際的な示唆が得られるも

のである。

　サプライチェーンに関する文献では協働と統合という用語は関係づけられ、しばしば互換的に使われている（Min *et al.*, 2005; Das *et al.*, 2006）。特に顕著なものとして、協働は統合の重要な要素として考えられている（Kahn and Mentzer, 1996; Stank *et al.*, 2001a ; Pagell, 2004; Sanders, 2008）。Kahn and Mentzer（1996）は統合を、異なる部門を１つにして一体性のある組織にする、部門間の相互作用と協働のプロセスとして定義している。Stank *et al.*（2001a）は、統合に関する３つの視点を明らかにした。それは、一連の相互作用、協働行動、そして組織の複合体、という視点である。さらに協働は外部的、すなわち企業間のものと、内部的、すなわち企業内部の部門間のものとして概念化することが可能である（Barratt, 2004）。たとえばPagell（2004）は、オペレーション、購買、物流の間の内部統合を可能にしたり不可能にしたりする要因を見つけ出すために、一連の事例研究を行った。Frohlich and Westbrook（2001）は、サプライヤーの統合から顧客の統合にいたるまで広範囲に及ぶ、多様な統合レベルを区別する枠組みを考案した。

　こうした統合の概念を本書でも援用し、調整、協調、協働の再定義を上述のように行っている。たとえば、高度の統合（協働）は、情報共有や意思決定が同期されており、動機づけも高く、互いの組織に変化をもたらす緊密な関係性が存在する。緊密に協働する企業間では、前向きに、共通目標の設定、共同での意思決定、新しい物事の進め方への採用などに取り組む。これらの活動は、いずれも情報やアイデアを積極的に共有し、相互に時間と社内資源へコミットすることを必要とする（Lee and Choi, 2003）。

　他方、低度の統合（調整）では、情報共有や意思決定は必ずしも同期されているわけではなく、関係性も薄い状況下で、まずは組織の力を１つにまとめるために互いに協力し合うというものである。

2　サプライチェーンのパフォーマンス
——戦略的適合の達成とパフォーマンスを決定づける枠組み——

　前節では、SCM の基礎概念について論じてきた。その中で、SCM は競争優位の観点から関心を集めているも、実際のビジネスにおいて、SCM に期待する成果を得ている企業は決して多くないことがわかった。それでは、サプライチェーンのパフォーマンスはどのようにして決定づけられるのであろうか。本節では、企業の高い独自性をもった商品やサービスの提供を通じてターゲット顧客のニーズ充足を目指す競争戦略と、プロセス全体の効率的な管理を目指すサプライチェーン戦略の間の戦略的適合を創り出すことが、パフォーマンスに対してどのような影響をもたらすかについて明らかにしていく。

2.1　競争戦略とサプライチェーン戦略

　企業の競争戦略では、競合相手との関係において、高い独自性をもった自社の商品やサービスの価値提供を通じて、いかにターゲット顧客のニーズを満たすかということが重要である。以上について、PC 業界で受注製造・販売を行っている Dell と、家電量販店で販売されている低価格 PC を例にとって考えてみる。Dell のビジネスは、値頃感のある価格で、豊富な品揃えの中から、顧客が自らのニーズに合わせてカスタマイズができることを大きな特徴としている。カスタマイズの分、顧客は購入した商品が自宅に届くまで 1 週間ほど待たねばならない。Dell は自社の商品・サービスを徹底するために、受注後から顧客に届けるまでリードタイムを短縮するサプライチェーンの仕組みを構築している。

　他方、低価格あるいは手頃な価格で購入できる PC は、品揃えとカスタマイズには大きな制約があるものの、顧客が家電量販店に直接出向き、店舗販売員のサポートを得ながら商品を選び、購入後そのままもち帰れるというメリットがある。このような低価格 PC を提供しているメーカーは、多くの場合、家電量販店による年間の販売取扱台数のコミットをもとに、年間を通して低コストによる安定した製造・供給ができるようなサプライチェーンを組んでいる。いずれの場合でも、ターゲット顧客が、価格、入手できるタイミング、品揃え、

図 2.5 メーカーの主活動における 5 つの機能の流れ

(出所) Chopra and Meindl（2012）p.23 Figure 2.1「The Value Chain in a Company」をもとに著者作成

品質等の何を優先しているかによって、競争戦略とそれを支えるサプライチェーンのあり方（戦略）が決まってくる。

　ここで、サプライチェーン戦略のもとになるプロセスの流れについて考えてみたい。メーカーにおけるビジネスの主活動は、そのサプライチェーン・プロセスの順序で並び変えると以下のように、大きく 5 つの機能の流れで構成されている（Chopra and Meindl, 2012）（**図 2.5** 参照）。

① 　ターゲット市場を決め、投入する新商品の企画とそれを具体化する（新製品開発）

② 　製品の訴求方法を考え、小売業者に売り込み、注文を取る（マーケティング・販売）

③ 　注文に応じて、必要な原材料を調達し、それに基づいて最終商品を製造し、小売業者に出荷する（オペレーション；調達・製造・出荷）

④ 　小売業者の店舗において、最終顧客である消費者に商品を訴求・販売する（流通）

⑤ 　商品を購入した消費者に対してアフターサービスを提供する（サービス）

　こうした 5 つの機能の流れについて、以下、それぞれ見ていく。新製品開発機能の出発点は、市場調査や消費者ニーズの分析などをもとに、ターゲット顧客に対する商品コンセプトを企画することである。そのうえで、製品を開発し具体的な形にしていく。また、後工程の製造・販売を見据えて、製造の技術的チェックや損益分岐シミュレーション、販売網の候補選定など細かい要件も詰めていく。

　マーケティング・販売機能は、ターゲット顧客を満足させる商品の告知によって需要を創造することが重要な役割になる。具体的には、製品価値の訴求

や流通への販売支援を通じて、製品を小売業者に売り込み、注文を取っていく。さらに、消費者や小売業者から顧客ニーズや課題を収集、その市場性を調査し、ビジネスになると判断した場合は開発部隊にフィードバックする。

　オペレーション機能は、原材料調達、製造、出荷がメインになる。これらの業務はものづくりの中核であり、競争優位の源泉になる価値創出の大切な部分である。商品の品質やコストを左右し、商品に必要な原材料を調達できなければ製造は成り立たず、また、高品質な商品を安定的に、納期までに製造し、出荷を通じて完成品を流通に届ける重要な役割を担う。

　流通機能は、メーカーと消費者をつなぐ役割を担う。消費者に対して、必要な商品を、必要な時に、必要なだけ届けられるようにメーカーと協働を行う。

　サービス機能は、商品を購入した消費者に対して、故障や劣化損耗修理、あるいは、保守といったサービスを提供する役割をもつ。同時に、商品の不具合情報の開発・製造部門へのフィードバックも行う。さらに、新たな顧客ニーズ発掘や、顧客との信頼関係醸成の重要な役割も担っている。

　競争戦略を実践するためには、こうしたすべての機能が各々自らの役割を果たすための機能戦略をもつ必要がある。ここでいう機能戦略とは、事業を具体的に展開するために必要となる機能レベルの経営戦略で、機能領域ごとの目指す方向を明確にすることである。

　機能戦略は、独立して存在するのではなく、各々整合性をもって適合していることが重要である。日本国内コンビニエンスストア業界No.1のセブン-イレブンは、こうした機能戦略同士をうまく適合させ、競争優位を構築している代表事例の1つである。セブン-イレブンの新製品開発では、独自の商品開発体制のもと、セブン-イレブンのプライベートブランドであるセブンプレミアムを展開しており、多様化する顧客のニーズに対応している。マーケティングでは、日常生活ですぐに必要な商品とサービスを顧客の近くで365日提供する「近くて便利」の利便性に焦点を当て、その価値を訴求している。オペレーション・流通では、限られた店舗スペースで効率良く商品が配置され、POSによる単品管理を徹底しているため、欠品や過剰在庫も少ない。加えて、エリア内に高密度で集中的に出店するドミナント戦略[4]は、効率的な物流・販売促進を可能にしている。このように機能戦略同士がうまく適合しながら、新たな商品

やサービスを提供することで、新たな需要の創出と増加によるエリア内での高密度で集中的な店舗展開をさらに加速させるという好循環が、同社のパフォーマンスを向上させ、競争優位の源泉になっている[5]。

2.2　戦略的適合

　本書における戦略的適合とは、競争戦略とサプライチェーン戦略の整合性がとれ、目標が共有されている状態を指す。その状態は、競争戦略が追求する商品戦略と、サプライチェーン戦略が構築を目指すサプライチェーン・プロセスとの間に一貫性があることを示す。競争戦略とサプライチェーン戦略の適合は、前項でも例示したセブン-イレブンのように、パフォーマンスを向上させる。それをいかに実現するかは SCM 研究の最重要テーマの１つである（Fisher, 1997; Lee, 2002; Ferdows, 2008; Morita *et al.*, 2018）。Fisher（1997）は、次に示すように、競争戦略の一例として商品戦略の事例を用い、この商品戦略とサプライチェーン・プロセスとの戦略的適合の重要性を強調している。

　Fisher（1997）は、図 2.6 が示すように、機能的あるいは革新的といった商品特性が SCM を形作っているという考え方を提示した。機能的な商品には効率重視型のサプライチェーン、革新的な商品には市場対応型のサプライチェーンがふさわしいというものである。機能的な商品とは、すでに市場でその存在が十分に認知され、需要のパターンが時とともにあまり変化せず安定しているため、高い精度で需要を予測することができる商品である（たとえば、塩や胡椒）。これらは製品ライフサイクルから見れば、成熟期以降にあたる。この場合、需要の不確実性が低いので、プッシュ型のサプライチェーンが可能であるという前提に立ち、できるだけ早い時点で、誰に何をどれだけ製造するかを決め、それを効率的に遂行していくことで、成果を創出することができるとしている。一方、革新的な商品とは、需要パターンがどうなるのかを含めて、高い精度で需要を予測することが困難な商品である（たとえば、全く新しいジャン

4）ドミナント戦略とは、チェーンストアが１つの地域に集中して出店する戦略のことである。店舗を一定地域に集中させることで、その地域でのストアの認知度が高くなり、配送効率も上がり、地域ごとの特性に適合した広告宣伝を行うことも可能になる。
5）「セブン-イレブン・ジャパン HP」https://www.sej.co.jp/company/aboutsej/distribution.html（最終検索日：2020 年 7 月 12 日）

	機能的商品	革新的商品
効率重視型 サプライチェーン	○	✕
市場対応型 サプライチェーン	✕	○

図2.6　サプライチェーンと商品特性の対応関係

（出所）Fisher（1997）p.112 Figure「Matching supply chains with products」（高橋洋訳（1998）「商品特性に合わせた戦略的サプライチェーン設計」『ダイヤモンド・ハーバード・ビジネス』）

ルの自動車や家電製品である）。これらは製品ライフサイクルから見れば、導入期にあたる。Fisher の研究によれば、この場合、需要の不確実性が高いので、プル型のサプライチェーンが望ましいという前提に立ち、市場の変動に対応していくことで、成果を創出することが可能であるとしている。本項では、この Fisher（1997）の考え方に基づき、サプライチェーン戦略は、その商品特性に合わせて設計する必要があるという視点から、戦略的適合を見ていこう。

▶ 戦略的適合はどうすれば達成されるか？

　サプライチェーン戦略は不断に変化する不確実な事業環境に対応するかたちで策定されなければならない。企業ならびにサプライチェーンが直面する不確実性への対処は極めて重要な論点である。Chopra and Meindl（2012）は、上述の商品特性とサプライチェーン・プロセスとの間の戦略的適合を達成するためには、その商品のサプライチェーンを実践する組織能力が、ターゲットとしている顧客を満足させるに足るものであることが重要であると論じている。以下、それらの戦略的適合を達成するための3つの基本的ステップについてその概要を述べる（Chopra and Meindl, 2012）。

表 2.1　需要不確実性とその他の属性との相関関係

属性	低い不確実性	高い不確実性
製品マージン	低	高
平均需要予測誤差率	10%	40〜100%
平均欠品率	1〜2%	10〜40%
季節末の平均値引き率	0%	10〜25%

（出所）Chopra and Meindl（2012）p.28 Figure 2.2「Correlation Between Implied Demand Uncertainty and Other Attributes」

▶ 第 1 ステップ：顧客とサプライチェーンの不確実性の理解

　企業はターゲットとする顧客のニーズと、それらを充足するためにサプライチェーンが直面する不確実性を理解しなければならない。この顧客ニーズの理解は企業が商品・サービスを提供するために必要な要件と費用を明確にするのに役立つ。サプライチェーンの不確実性を把握することで、企業が対応を準備しておくべき配送の遅れや需要の不確実性の程度をはっきりさせることができる。

　Fisher（1997）は、表 2.1 が示すように、サプライチェーンの不確実性を需要の不確実性ととらえ、以下の 4 点の指摘を通じて、需要の不確実性は需要の特徴と相関していることを明らかにしている。第 1 に、需要の不確実性が高い商品の市場は、それほど成熟しておらず、直接的な競合も少ない。この結果、収益性は高くなる傾向がある。第 2 に、需要の不確実性が少ない場合には、需要の予測の精度はより正確になるということである。第 3 に、需要の不確実性の増大は供給と需要のマッチングをより困難にするということである。商品によって、この要因は販売機会損失（欠品）あるいは供給過剰（過剰在庫）を引き起こす可能性がある。第 4 に、需要不確実性が高い商品では供給過剰が生じることが多く、結果として値下げが多くなる。

　需要の不確実性が低い商品例として、塩を考えてみよう。塩自体は、長年にわたって継続している需要のパターンが確定しているため需要の不確実性は低い。低い収益率だか、需要予測の精度は高くなり、欠品率も低く抑えられる。結果として、在庫処分の値引き率も小さい。一方、高い需要不確実性の商品例としては、導入当初の電気自動車があげられる。当初、どれだけ販売できるかを正確に事前予測することは難しく、需要の不確実性は高い。市場がどう反応

するか予測しづらいのである。したがって、需要予測の精度は低く、導入が成功すれば、供給不足のため欠品率が高くなり、失敗すれば、供給過剰となり在庫処分の値引き率も大きくなるリスクがある。しかしながら、競合他社も少ないため商品導入当初の収益率は高く設定できる。

▶ 第2ステップ：サプライチェーンの組織能力の理解

　企業が直面する不確実性を理解したら、次の問いは、企業はどのようにして不確実な環境の中で需要に応えていくのか、ということである。Fisher（1997）は以下のように、商品特性に合わせたサプライチェーンを実践できる組織能力が需要を満たすうえで鍵になると論じる。

　機能的商品に対応する効率重視型のサプライチェーンでは、予測可能な需要に対して、最低コストで効率的に商品を供給することを基本目標とし、製造面では、高い稼働率を維持することを重点的に考慮する。在庫戦略としては、部品調達、製造、在庫の流れを効果的に編成しつつ、在庫の回転率を高め、サプライチェーン全体として在庫量を最小化する。リードタイムの考慮点としては、コストをかけずにリードタイムをできる限り短縮し、部品のサプライヤーは低コスト・高品質の観点から選択する。商品企画戦略としては、コストパフォーマンス（最高性能・最低コスト）の最大化に焦点を当てる。

　一方、革新的商品に対応する市場対応型のサプライチェーンでは、予測不可能な需要に対して迅速に対応し、在庫不足をなくし、値引きを避け、在庫の陳腐化を防ぐことを基本目標とする。製造では、製造能力に余裕をもたせ、余剰製造力を最大限活用することを重点的に考慮する。在庫戦略としては、在庫量に余裕をもたせ、余剰の部品・商品在庫を最大限活用する。リードタイムの考慮点としては、リードタイム削減のために積極的に投資を行い、部品サプライヤーは、早さ・柔軟な納期対応・品質の観点から選択する。商品企画戦略としては、モジュール化・部品の共通化を取り入れ、製造直前で差別化するための設計変更が可能なように配慮する。

▶ 第3ステップ：戦略的適合の達成

　需要の不確実性のレベルをとらえ、商品特性に合わせたサプライチェーンを

実践できる組織能力の内容を確認した後、最後の第3ステップは、ターゲットとする顧客のニーズに最もよく適合するサプライチェーンの市場対応型と効率重視型とのバランスを見つけることである。このバランスは**図2.7**「戦略的適合ゾーン」で表される。高水準の成果を創出するためには、企業はその商品戦略における需要の不確実性のレベルとサプライチェーン戦略に必要な市場対応のレベルをこの戦略的適合のゾーンの方向へ合わせていく必要がある。

　この戦略的適合ゾーンを知り、そこに合わせていくためには「3つの要素」を見ることが重要である。1つ目の要素は、製品カテゴリーと顧客セグメントの問題である。2つ目の要素は製品ライフサイクルの問題である。3つ目の要素は、パートナーとなる小売業者の問題である。以下では、各要素の概要を述べていく。

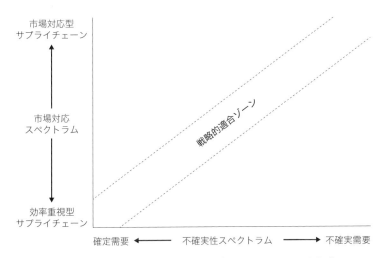

図2.7　需要の不確実性／市場対応マップで示される戦略的適合ゾーン

（出所）Chopra and Meindl（2012）p.32 Figure 2.5「Finding the Zone of Strategic Fit」

▶製品カテゴリー

　企業は異なる特性をもつ商品を、異なる特性をもつ顧客セグメントに販売している。たとえば、PCには最新技術搭載の高スペック・高価格のモデルからコストパフォーマンス重視の低価格モデルまで幅広い品揃えがある。高価格・

高スペックのモデルは、新しもの好きの顧客を対象とし、収益性は高いがどれだけ売れるか需要が予測できない（需要の不確実性が高い）ため、商品が欲しい時にすぐに手に入る市場対応型サプライチェーンの戦略を採用する必要がある。その一方で、低価格のコストパフォーマンス重視のモデルは、価格に敏感な顧客を対象とし、収益性は低いが、価格さえ合わせればどれだけ売れるか需要が予測できる（需要の不確実性が低い）ため、効率重視型サプライチェーンの戦略を採用する必要がある。このように、サプライチェーン戦略を各製品カテゴリごとに、その顧客ニーズに最も適合するようなかたちで構築・実践していくことは、サプライチェーンの成果を創出していくうえで重要である（Chopra and Meindl, 2012; Nagashima *et al.*, 2015ab）。

▶製品ライフサイクル

　製品ライフサイクルが進むにつれて、その需要の特徴も、対象となる顧客セグメントのニーズも変化していく。製品ライフサイクルとは、商品が生まれ、市場に投入されてから衰退していくまでの流れを表すマーケティングの考え方で、4つの段階（導入期、成長期、成熟期、衰退期）がある。ライフサイクルの段階によって、企業の採用すべきマーケティング戦略のあり方も異なる。この概念の理論的基礎を構築したのはDean（1950）といわれており、Kotler（1965）やLevitt（1965）によって、現在の4段階の概念として普及されていった（図2.8参照）。

　導入期とは、商品が市場に投入され始めた時期のことで、その認知度が低く、市場の需要も低い段階を示す。この時期は流通業者に関心をもってもらったり、消費者に知ってもらったりするための販売投資予算が必要になる。成長期とは、商品が市場で広く認知、購入され、売上と利益が成長する時期のことを指す。この時期は需要が喚起され市場が拡大していくも、ライバルとなる参入業者も増えるため、シェアの確保が一番の課題になる。差別化されたユニークな製品とその広告宣伝を効果的に使って、シェア確保を目指す。成熟期とは、未開拓の市場が少なくなり、市場拡大が見込めなくなってきた時期のことを指す。この時期は、企業は成長期で獲得したシェアを失わないために、ポジショニングを強化しなければならないが、コモディティ化が進み、機能差がほとんど見ら

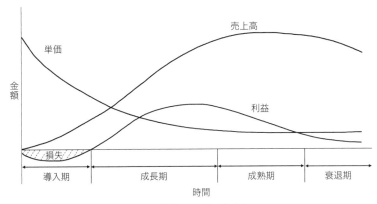

図2.8　製品のライフサイクル

（出所）網倉・新宅（2011）p.263 図 8.10「製品ライフサイクル」

れなくなってくる。商品寿命を伸ばすための販売促進手段や、積極的な割引施
策やキャンペーン、クーポンを使った広告施策など、顧客維持を目的とした積
極的な販売促進が必要になる。衰退期とは、既存商品に代わる代替商品が市場
に登場することで、売上、利益ともに減少していく時期のことを指す。市場
ニーズが低下するとともに、売上、利益、競争相手ともに衰退が見え始め、経
営的には市場撤退も視野に入れる必要が出てくる。

　こうした製品ライフサイクルに適応した売り方の変化に合わせて、サプライ
チェーンも変えていく必要がある。導入期では、需要予測は非常に困難で供給
も計画通り進めることが難しい。一方で、競争相手が少ないため商品自体の収
益性は高い。商品が欲しい時にすぐに手に入る市場対応型サプライチェーンの
戦略で供給体制を確立することが重要になる。成長期は需要が喚起され、供給
量も増えるため、製造ライン整備にコストをかけなければならない。また、製
造が需要に追いつかないため、販売の機会損失が増える傾向にあり、欠品管理
を徹底していく必要がある。成熟期になると、成長期と比べ需給バランスが逆
転し、製造過多に陥りがちなため、在庫管理が重要になる。製品ライフサイク
ルとともにコモディティ化が進み、需要パターンが明らかになってくると、需
要予測の精度は向上するも、競争が激化するため収益性は低くなり、顧客に
とって価格が重要な購入要素となる。したがって、製品ライフサイクルが進む

につれ、効率重視型サプライチェーンの戦略を採用する必要がある。このように、サプライチェーン戦略は、商品がいかなるライフサイクルの段階にいたとしても、そのライフサイクルに適合するかたちで絶えず進化を遂げていかねばならない（Aitken *et al.*, 2003; Chopra and Meindl, 2012 ; Nagashima *et al.*, 2015ab）。

　製品ライフサイクルの概念は、特定の製品カテゴリー（たとえば、デジタルスチルカメラやテレビといった製品のくくり）に対して適応されることが多い。しかしながら、特定の製品カテゴリーは、ほとんどの場合、複数のサブ・カテゴリーから成り立っているため、どのような製品の集計レベルを分析単位として選定するかによって、描かれる製品ライフサイクルのパターンは異なるものになる。デジタルスチルカメラか、その中のエントリーモデルだけか、あるいは、個々の商品モデルかによって、描かれるサイクルは異なってくる（網倉・新宅, 2011）。さらに製品ライフサイクルにおける概念には、前述の製品の集計レベルという尺度に加え、製品イノベーションが消費者に与えるインパクト（製品イノベーションの普及）の程度を図るというもう一つの尺度が存在している（高橋, 1981）。本書の事例研究では、こうした2つの尺度に基づき、製品ライフサイクルの概念を規定していく。製品の集計レベルという尺度からは、デジタルスチルカメラにおける個別の商品モデルを分析単位として選定しつつ、個別の商品分析にあたっては、製品イノベーションの普及という尺度から、商品モデルごとに描かれるサイクルを分析していく。製品イノベーションの普及という尺度の援用にあたっては、2つの視点を意識していく。1つは、ターゲット顧客のニーズ充足という視点である。この視点を通じて、付加価値の高い企業Xの新しい商品が、どのようなプロセスで市場に受け入れられていくのかを分析していく。もう1つは、他社の競合品との付加価値のギャップという視点である。この視点を通じて、企業Xの付加価値の高い商品が、どのようなプロセスで、他社の競合品との付加価値のギャップが次第に小さくなり、平凡なコモディティ商品になっていくのかを分析していく。

▶ 小売業者の選択

　特殊な高スペックの付加価値商品を扱う専門店は、自分たちの顧客について

のより詳細な知識やその顧客に売り込むための販売ノウハウをもっており、こうした貴重な情報をメーカーと共有することができる。たとえば、最新技術を搭載した新商品を市場導入する場合、新しい技術を顧客に説明してその価値を納得してもらうためには、通常、専門店において対面で販売するのが一番効果的である。その場合、商品が欲しい時にすぐに手に入る市場対応型サプライチェーンの戦略を採用することが重要になる。

　一方、既存商品の場合は、コストパフォーマンス重視の量販店を通じて販売するのが最良の選択肢になる。この場合、コストが重要なので、効率重視型サプライチェーンの戦略を採用する必要がある。このように、小売業者はターゲットとする顧客に合った販売ノウハウや顧客情報を有しているため、そのタイプに適合したかたちで、サプライチェーン戦略を構築・実践していくことが、製品カテゴリー、製品ライフサイクルとともに、サプライチェーンの成果を創出していくうえで重要である（Christophe *et al.*, 2005; Nagashima *et al.*, 2015ab）。

2.3　戦略的適合を達成するうえでの障壁

　戦略的適合を達成するための鍵は、ターゲットとする顧客のニーズに最もよく適合するサプライチェーンの効率重視型と市場対応型のバランスを見つけることができる組織能力である。このバランスをどこに位置づけるかを決める際に、企業は多くの障壁に遭遇する。本項ではChopra and Meindl（2012）に基づいて、この障壁に関する3つのポイントを述べる。

　1つ目は、ますます増加する商品の種類である。昨今の商品種類の増加傾向には著しいものがある。顧客はよりカスタマイズされた製品を要求し、メーカーは、その顧客要求に答えるべく、一品一様のカスタマイズされた製品を大量生産で実現しようと取り組む。以前は汎用的であった商品も、今日では特定の顧客セグメントを想定して機能をカスタマイズすることが増えている。たとえば、ランニングシューズを取り上げてみよう。1970年代には「軽量」をコンセプトにした商品しかなく、市場にはアスリート向けの走りやすさを重視したモデルが数種類ある程度だった。今日、衝撃吸収性、デザイン性など様々な顧客のニーズに対応すべく200以上のモデルが販売されている。こうしたモデ

ルの拡大は、需要予測を難しくし、サプライチェーンを複雑化する。すなわち、商品の種類が増えると、結果として、需要の不確実性を増大させ、サプライチェーン内の効率性と応答性の両方に悪影響を与えることになり、戦略的適合を難しくしているのである。

　2つ目は、短縮化する製品ライフサイクルである。商品の種類が増大するのに加え、昨今の市場では、そのライフサイクルが短縮化している。以前なら何年という単位で測られていたサイクルが、今日では何か月という単位になっている商品がある。たとえば、本書がケースで取り扱うデジタルスチルカメラは、アナログ時代では1つの商品モデルが販売開始されてから終了するまでに2〜3年ほどの期間があったのに対し、デジタル化後は、6か月から1年の期間になっている。このように、製品ライフサイクルが短くなると、サプライチェーンはそれら商品の需要の不確実性に対応しなければならないことに加え、常に短期間で新製品を開発し、必要な時に、必要なだけ、供給するようにしなければならない。その結果、戦略的適合を達成することがより難しくなる。また、製品ライフサイクルが短くなると、このように需要の不確実性が増大するだけでなく、サプライチェーンを適合させるための準備期間も短くなる。製品ライフサイクルの短縮化による需要の不確実性増大と適合準備期間の短縮は、サプライチェーンにとって供給と需要を調整し、その適切なマッチングを図るうえでさらなる障壁になっている（Nagashima *et al.*, 2015ab）。

　3つ目は、メーカーと小売業者間のサプライチェーンの分断である。川上から川下にいたるサプライチェーンの全プロセスを1企業だけでカバーすることは、難しい。そのために、いかに他の企業と協働するかが課題になるのであるが、特に、大手小売業者を通じて消費者に商品を供給している消費財分野において、メーカーと大手小売業者間の協働が問題になる。なぜなら、メーカーと大手小売業者間がそれぞれに異なる方針と行動規範を有することから、サプライチェーンが分断されてしまうことが多いからである。その結果、戦略的適合の観点からサプライチェーン全体を調整することが困難になり、サプライチェーン全体の価値創造力を損ねてしまっている（Nagashima *et al.*, 2015ab）。その最たる例が、低収益で悩む家電業界である。家電製品の場合は、開発・製造をメーカーが、販売は家電量販店を中心とする小売業者が別々に担っている。

両者に資本関係はなく、家電メーカーは特定の顧客のニーズを満たす商品を供
給し、家電量販店は不特定多数の顧客に大量販売を行っている。ここに家電
メーカーの商品特性と家電量販店の売り方にミスマッチが存在する。互いの価
値観や行動規範が異なるため、量販店のところで、最終消費者につながるサプ
ライチェーンが分断されているのである。新製品開発では技術力をもち、
R&D に大きな投資をしているにもかかわらず、その商品価値を価格に転嫁し
て販売することができない（高い価値として認知されない）家電業界の現状は、
メーカーと量販店のサプライチェーン分断の帰結である[6]。

2.4 パフォーマンスを決定づける枠組み

　これまで、ターゲットとする顧客が何を優先しているかによって、競争戦略
とそれを支えるサプライチェーンのあり方（戦略）が決まり、この競争戦略と
サプライチェーン戦略の適合は、サプライチェーンのパフォーマンスを向上さ
せると定義してきた。本項では、企業はどのようにしたら、競争戦略とサプラ
イチェーン戦略の適合を通じてパフォーマンスを向上させることができるのか
を整理するために、3 つのロジスティック要素（施設、在庫、輸送）と 3 つの
組織横断的要素（情報、内製・外注、価格）を加え、パフォーマンスを決定づ
ける枠組みを考えていく（Chopra and Meindl, 2012）（図 2.9 参照）。この 6
つの要素は、それぞれトレードオフの関係にあたり、企業は各要素において、
市場対応型か効率重視型かの選択を迫られる。以降、図 2.9 を参照しながら、
パフォーマンスを向上させるためにどのようにすべきかを考えていこう。

　図 2.9 が示すように、多くの企業は、高い独自性をもった商品やサービスの
提供を通じてターゲット顧客のニーズ充足を目指す競争戦略を立案し、それを
支えるサプライチェーン戦略を決めていく。サプライチェーン戦略では、市場
対応型と効率重視型の間のどのようなバランスにおいて、サプライチェーンが
最も高いパフォーマンスを発揮することができるかを見極めなければならない。
そのうえで、企業は 3 つのロジスティック的要素と 3 つの組織横断的要素の最

---

6) 松尾博文「電機メーカーは小売に進出せよ」『ダイヤモンドオンライン』https://diamond.jp/
articles/-/33413?page=5（最終検索日：2018 年 2 月 2 日）

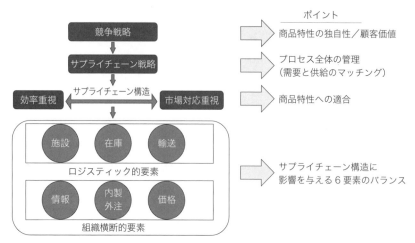

図2.9　パフォーマンスを決定づける枠組み

（出所）Chopra and Meindl（2012）p.47 Figure 3.1「Supply Chain Decision-Making Framework」を もとに著者作成

適な組み合わせを通じて、サプライチェーンのパフォーマンスを最大化することが求められる。

　今日では、サプライチェーンのすべてのプロセスを1つの企業で内部化することは難しいため、他の企業に委託するプロセスが発生する。その場合に重要になるのが、どのプロセスを内部化するかという意思決定だけではなく、外部業者も含めたサプライチェーン全体の各組織にどのような役割を担わせるかを明確に定義し、それを外部業者も含めた各組織と共有することである。そのために、サプライチェーン戦略では、在庫をどこでどれだけもつか、輸送をどうするか、倉庫施設はどこにもつか、情報の流れをどう設計するか、商品の価格建てをどうするか、といった事業構造に関連した詳細項目について意思決定をしていく必要がある。

　先に例にあげたセブン-イレブンでは「近くて便利」の利便性と効率的な物流・販売促進のためにドミナント戦略を採用している。この戦略を支えるために、店舗が午前中に発注すれば、その日のうちに製品が届くというプル型の、つまり市場対応型のサプライチェーンを構築している。店舗運営はフランチャイズ契約を締結した店主に、製造は外部の専用工場に、商流は卸売業者に、物

流は外部の共同配送センターに各オペレーションを委託している。セブン‐イレブンのSCMは、このようなアウトソーシングの活用を1つの大きな特徴としている。この土台をもとに、単品ごとに販売状況、商品のキャンペーンやTV・ラジオCMなどの情報、イベント情報、天気予報などをから需要の仮説を立て、発注を行い、検証するという一連の単品管理がSCMの基本となっている。こうした単品管理に関わる情報を、店舗、本部だけでなく、メーカー、取引先やその製造ライン、共同配送センターと、オンラインを通じて共有する情報ネットワークを構築することで、店舗における発注・納品・販売情報をスピーディーにサプライチェーン全体で共有する仕組みを構築している。この情報共有をもとに需要ピークに合わせて製品を計画的に製造し、商品ごとの味や品質を維持するため最適な温度帯に分けて共同配送センターに納品し、各店舗に一括で配送[7]している。「近くて便利」の価値を提供する見合いとして、スーパーマーケットのような割引をしない定価販売を行っている。このように、競争戦略を支えるサプライチェーンのあり方を考える際、施設、在庫、輸送といった3つのロジスティック的要素と情報、内製・外注、価格といった3つの組織横断的要素をうまく組み合わせることで、パフォーマンスを向上させることが可能になる。

3　サプライチェーンにおける需要予測

　本章でこれまで論じてきたサプライチェーンの戦略、計画、オペレーションに関わる意思決定を適切に行うための極めて重要な要素の1つとして需要予測がある（Cachon *et al.*, 2001）。本節ではChopra and Meindl（2012）の定義に基づいて、将来の需要予測のために過去の需要実績がどのように使われるのか、需要予測がどのようにサプライチェーンに影響を与えるのかについて明らかにしていく。

---

7) セブン‐イレブンの配送回数は1日平均9回となっている：「セブン‐イレブン・ジャパンHP」
https://www.sej.co.jp/company/aboutsej/distribution.html（最終検索日：2020年7月12日）

3.1　サプライチェーンにおける需要予測の役割

　需要予測は、サプライチェーンの戦略、計画、オペレーションに関わる活動の基礎を作っている。需要予測とは、顧客の求める需要に関する予測をすることである。以下、需要予測はどのように行われるのか見てみよう。

　たとえば、塩や胡椒のように需要が安定した成熟商品は、需要予測が最もしやすい。これに対し、最終商品需要の見通しがつきにくい場合は、需要予測ならびにそれに伴う経営上の意思決定も極度に困難になる。需要予測が難しい典型的な例は、ファッション商品や新技術を売りにするハイテク商品である。これらの商品は賞味期間が短く、かつ、その革新性や斬新さが高まるほど、過去の販売実績がほとんどないため、精度の高い需要予測を行うことが非常に難しい。万が一、企業が過剰製造あるいは過少製造した場合、後でそれを取り戻すチャンスは極めて少ない。一方、塩や胡椒のように需要が安定した商品の場合は、需要予測が間違ったとしても後の段階でその間違いを修正することができるため、ファッション商品やハイテク商品ほど重大な問題にならないことが多い。

　サプライチェーンの各段階が、個別の需要予測を行う場合、これらの需要予測は、各段階で大きく異なったものになる（Forrester,1958; Lee *et al.*, 1997）。その結果、供給のもとになる製品開発や製造の需要予測と、需要を創造するマーケティングや販売の需要予測の間には、大きなミスマッチが発生してしまい、ブルウィップ効果の原因を作り出す。こうしたミスマッチを回避するために、サプライチェーンのすべての段階に共通した協働的な需要予測を行えば、より高い精度の予測ができるようになる。その結果得られる需要予測の精度向上により、サプライチェーンは顧客へのサービス提供をより応答的に、かつより効率的に行えるようになるのである。

　たとえば、飲料商品の「コカ・コーラ」では、コカ・コーラシステムという協働的な需要予測の仕組みを構築している。このコカ・コーラシステムは、日本の場合、コカ・コーラの原液製造・販売を担う日本コカ・コーラ株式会社と、最終商品であるコカ・コーラの製造・販売を行うボトラー社などで構成されている。日本コカ・コーラ株式会社は、全国のボトラー各社に原液を供給し、市場トレンドの把握および消費者・購買者の分析を通じて製品開発やマーケティ

ング戦略の策定を行い、その実行をリードしている。こうしたサプライチェーンの構造の下、日本コカ・コーラ株式会社が、次期四半期ごとの需要予測をもとに、各種プロモーションの意思決定を行っている。そして、その意思決定の都度、これらプロモーションが実施されると次期四半期需要予測はどうなるかという前提に立ち、需要予測をアップデートし、ボトラー社と共有する。日本コカ・コーラ株式会社の最新の需要予測は、ボトラー社が次期四半期工場の製造能力や生産本数を決めるうえで欠かせない情報である。このように、コカ・コーラシステムは、日本コカ・コーラ株式会社とボトラー各社との協働のもと最終商品であるコカ・コーラの開発・製造・販売の全体最適化を図り、コカ・コーラビジネスのさらなる成長をサポートしている[8]。

3.2　需要予測の特徴

　企業およびサプライチェーン管理者は、需要予測について次の4つの特徴を知っておかなければならない（Chopra and Meindl, 2012）。

　1つ目は、需要予測は常に誤差が生じるものだということである。予測はあくまでも予測であり、完璧に当てることはほぼ不可能である。ただし、この予測誤差が増大すると、サプライチェーンの様々な段階で商品供給の過剰や不足が生じてしまう。したがって、企業は予測誤差を踏まえて意思決定を行う。たとえば、同じレベルの販売規模を持つ2社の家電小売業者（大型量販店）があるとする。1社は、毎月の顧客への販売の予測誤差が10〜20％の幅で存在し、常に誤差の幅が不安定である。もう1社は、この予測誤差が10％以下で、その幅も安定している。このようなケースにおいて商品が品薄になってきた際のメーカーから小売業者への供給は、予測誤差が10％以下の小売業者の予測数は尊重するものの、予測誤差の幅が不安定な小売業者には、メーカーが過去の実績から判断して必要な数のみを供給するというような意思決定をせざるを得ない。

　2つ目は、需要予測の精度は、長期になるほど低くなる傾向があるということである。つまり、長期需要予測は短期需要予測に比べて誤差が大きくなる傾

8）「コカ・コーラシステムについて」https://www.cocacola.co.jp/company-information/coca-cola-system（最終検索日：2020年7月12日）

向にある。長期になるほど、予測できない要素の影響が加わってくるからである。セブン-イレブンはこの特徴をうまくとらえ、精度の高い予測に基づいて行動できるように、納品リードタイムを短縮し午前中の発注に対して即日納品ができる体制にしている。つまり、店はその日の需要の予測だけで済むような仕組みを構築しているのである。こうした需要予測の精度は、週単位や月単位で行う需要予測の精度よりもはるかに高くなる。

　3つ目は、複数の商品種類をある条件でカテゴリー化した場合にそのカテゴリー全体の需要予測は、それを構成する個々に細分化された需要予測よりも、精度が高い傾向にあるということである。これは、集約されたカテゴリー内で、それら商品の変動が相互に相殺される可能性が高いためである。たとえば、日本のGDPを3%の誤差の範囲で予測することは可能性も高いが、ある特定の企業の販売高を3%の誤差の範囲で予測することは極めて難しい。

　4つ目は、ブルウィップ効果が存在すると、一般的に受注変動は最終顧客から遠ざかるほど増幅される傾向にあるということである。そのためサプライチェーンの上流に位置する企業ほど需要予測の誤差は大きくなりやすい。最終顧客への売上に基づき上流企業と下流企業で協働して行う需要予測は、上流企業の予測誤差の減少を可能にする効果をもたらす。本書で取り上げるメーカーと小売業者の協働事例も、この原則を踏まえて実践されたものである。

3.3　需要予測の基本的アプローチ

　次の4つのポイントからなる需要予測の基本的なアプローチは、企業が精度の高い効果的な需要予測を行うのに役立つ（Chopra and Meindl, 2012）。

　1つ目は、需要予測の数字の意味を理解することである。需要予測は、どの商品を、どれだけ製造、販売、在庫し、そのためには、どれだけ原材料を調達しなければならないのかといった企業経営の主要な活動の意思決定に関わっている。たとえば、小売業者が7月にある洗剤の特別割引キャンペーンを計画している場合、小売業者は洗剤メーカー、物流業者、その他関連する組織とキャンペーン情報の共有と、あらかじめキャンペーンによる需要の増加に備えておく必要がある。つまり、7月の需要予測の数字の裏にキャンペーンがあるということをサプライチェーンの関連部門は理解しておかねばならない。

　2つ目は、需要予測とそれに関わる開発・調達・製造・販売への計画をサプライチェーンを通じて統合して考えることである。たとえば、上述の7月にある洗剤の特別割引キャンペーンを計画している小売業者が、この販売促進による需要予測をその洗剤メーカーと共有しなかった場合、メーカーは過去の需要データで立案した予測をもとに生産計画を立てることになる。こうした事態は、需要と供給のミスマッチを招き、顧客サービスの低下につながってしまう。このような問題を避けるために、共通した1つの需要予測（one forecast）をもとに、メーカー、物流業者、小売業者、その他プライチェーンにおける関連組織を横断的につなぐような1つのチーム（one team）で協働していくことが求められる。ここでいう「サプライチェーンを通じて統合して考える」とは、このようなアプローチを指す。

　3つ目は、ターゲット顧客（最終消費者）を理解し、その特性を明確にすることである。ターゲット顧客の需要規模、購入頻度、需要のばらつき、季節性などを正しく理解し、明確にすることは、需要予測の精度向上に直接的につながる。

　4つ目は、需要予測に影響を与える大きな要因を明確にすることである。需要の観点からいえば、たとえば、需要の増加が季節や天候によるものか、自社の価格（値下げをしている場合）や販売促進によるものなのか、競合他社との関係（他社の競合商品が欠品していたり、値上げしていたりするなど）によるものなのか、あるいは顧客の購買行動の変化によるものなのか、などを正しく理解し、明確にすることは、上述の3つ目のポイントと同様、需要予測の精度向上に直接結びつく。供給の観点からいえば、複数の供給者が存在し、供給リードタイムも短い場合は、需要予測の精度にそれほどこだわる必要はない。その一方で、供給者が1社のみで、供給リードタイムも長い場合は、精度の高い需要予測が大きな意味をもつ。

3.4　需要予測の構成要素と方法

　企業およびサプライチェーン管理者は、需要予測を構成する要素を熟知しておく必要がある。これらの要素とは、過去の需要実績、商品の発注から納品までのリードタイム、今後予定している宣伝あるいはマーケティング活動や値引

き計画、経済状況、それに競合企業の動向等といったものになる。

　需要予測の方法には、定性的アプローチと定量的アプローチの 2 つがある。定性的アプローチは、人の意思決定に依拠した手法である。新しいコンセプトの商品導入に際し、過去のデータが存在しない場合や、ターゲット顧客のことを熟知している専門家が社内にいる場合などは、この手法が適している。さらに、新しい業界に新規参入した場合の 2、3 年先の需要予測にも、この手法が適応される。

　定量的アプローチは、数量データまたは定性的データの定量評価といったデータを用いて行う予測手法である。時系列モデルや因果モデルがこれに該当する。時系列モデルとは、過去の需要を参考に今後の需要予測をする手法であり、過去の需要の軌跡は、将来の需要予測の良い指標になるという前提に立脚している。この手法は、これまでの需要パターンに、当面は大きな変化がないと推定される市場に適している。最もシンプルであるが、需要予測の基本となるものである。因果モデルとは、需要予測が、今置かれている環境のある要素と高い相関関係にある場合、その要素の動向を踏まえて将来の需要を予測する手法である。たとえば、商品の価格は需要の規模と強い相関関係にある。企業は、この原則に基づき、因果モデルを活用して値下げによる販売促進の影響を算出する。

4　サプライチェーン内での協働

　前節で述べた通り、需要予測の精度向上のためには、サプライチェーンにおける関連組織を横断的につなぐような協働が求められる。本節では、サプライチェーンにおける協働について論じていく。まず最初に、再度 SCM の定義ならびに協働の考え方を確認しておこう。SCM とは、「商品、資金の流れを情報の流れと結びつけ、サプライチェーン全体でその情報を共有しながら、一連のプロセスを統合し、その全体最適を図ること」である（第 2 章 1.1 項「SCM の定義」参照）。協働とは、「相互依存関係を管理するアプローチ」であり、組織間の関係レベルが高度に統合されている状態を意味する概念である（第 2 章 1.4 項「サプライチェーンの協働」参照）。SCM の実践に向け、プロセス統合

を円滑にするには、互いのプロセスに関わる活動を事前にすり合わせる「協働」が必要となる。原材料の調達の遅れは、製造ラインの停止を招き、製造ラインが停止すれば、顧客に商品を届けられなくなる。事業活動はこのように、個々の活動が他の活動結果の影響を受ける相互依存の関係になっている。また、今日的なビジネス実態において、多くの企業が1社ですべてのプロセスを管理することは現実的ではなく、異なる複数企業による協働が極めて重要な意義をもってくる。目標や考え方の異なる企業同士が高いレベルのプロセス統合を実現するためには、調整や協調ではなく、より高度の「協働」の考え方でSCMの実態を紐解く必要がある。

　企業の協働には、企業内における内部協働と企業間における外部協働がある。本書は特に外部協働に焦点を当てている。第2章1.1項「SCMの定義」でも述べたように、実際のビジネスにおいて外部協働を実践することは難しい。本節では、相互依存関係を管理するアプローチである協働の欠如がどのようにサプライチェーン内の市場対応の低下や効率低下（費用増加）に影響を与えるのかについて、Chopra and Meindl（2012）をもとに見ていくこととする。協働の欠如の発生には、その背景としていくつかの要因がある。この要因を明らかにし、協働を実現するためにとるべき対策を考える。そのうちの1つが、本書で取り上げるサプライチェーンにおけるメーカーと小売業者の戦略的パートナーシップである。

4.1　サプライチェーンの協働欠如とブルウィップ効果

　サプライチェーンの協働は、サプライチェーン内のすべての組織が、一緒になってサプライチェーン価値を高めるような行動をとる動機づけがあった時に初めて機能する。サプライチェーンの協働においては、個々の活動が他の活動結果からの影響を受けるような相互依存の関係になっていることを常に念頭に置かなければならない。

　理想的には、すべての企業が障壁なく協働を実践することが望ましいが、現実にはサプライチェーン内の異なる組織の相反する行動規範から、互いが対立してしまう場合や、組織間での情報共有の遅れや歪みが発生する時に、この協働がうまくいかなくなる（協働の欠如）。サプライチェーンの異なる組織の相

反する行動規範とは、たとえば、標準化された製品を大量に製造したいメーカーと、多様な商品を短納期にフレキシブルな数量で提供することを望む小売業者との対立などがあげられる。こうした協働の欠如の結果、各組織は自らの組織の価値を最大化（部分最適化）しようとし、サプライチェーン全体の価値を損なってしまう（Chopra and Meindl, 2012）。

　さらに業界の複雑な構造が協働を難しくしている。家電業界のサプライチェーンを例に考えてみよう。家電メーカーは、1商品群あたり、数多くのモデルを開発・製造・販売している。そのモデルごとに、数百に及ぶ1次サプライヤーを有し、同様にこれら各サプライヤー自身も多くの2次、3次サプライヤーを有している。小売業者もグローバルで見れば、市場ごとに多岐にわたっている。その結果、サプライヤーから小売業者にいたるグローバルレベルのサプライチェーンにおける関連組織は、数千に及ぶ。そのため、関連組織全体と需要情報を共有するのは、各々が異なる行動規範や思惑、予算などの事情を抱えているため、極めて難しいのが実態である。さらに、商品群ごとのモデル展開は、多種多様に及んでいる。こうした構造が、サプライチェーンの協働を困難にし、ブルウィップ効果を増幅させてしまう結果となってしまっている。そのため、たとえ川下の最終商品の需要が一定であったとしても、川上の原材料部品の発注は大きく変動してしまい、サプライチェーン全体として供給と需要をマッチングさせることが困難になってしまう。

4.2　ブルウィップ効果がパフォーマンスに与える影響

　サプライチェーン内のすべての組織が、サプライチェーン全体を考慮せずに自身の目標の最適化を追求するのであれば、サプライチェーンは協働を欠いていることになる。その結果発生するブルウィップ効果により、メーカーが小売業者から受け取る注文は、小売業者が消費者へ販売する実際の需要よりもずっと変動しやすくなる。ブルウィップ効果による、この不安定性の増大がサプライチェーンのパフォーマンスに与える影響は次の通りである（Lee *et al.*, 1997）。

　ブルウィップ効果は、まず、サプライチェーンの製造コストと在庫コストを増加させる。その理由は、メーカーが、この増加変動部分に備えるために製造

能力を増し、在庫を増やすからである。その結果、過剰製造能力や過剰在庫を生み出してしまう。ブルウィップ効果は、さらにサプライチェーンにおいて欠品を避けたいという行動原理を生じやすくさせてしまう。注文の増幅現象は基本的には商品を確保したいという行動の結果であり、それは商品の品薄感や供給遅れを感じた時に起こる行動である。言い換えれば、欠品が出そう、あるいは、出ているという状況では、すでに注文していても発注済み未入荷量をまだ足りないと感じて注文を上積みし、注文増幅が起こるのである。その結果、受注残が積み重なった上流で、受けた注文に対する供給はさらに遅れる。それがまた品薄感を感じさせるという悪循環に陥る。需要が低下し、在庫が溜まり出して初めて発注の誤りに気づくが、その時には山のような在庫がチェーン内に滞留している。このようにして、ブルウィップ効果は、サプライチェーンの価値全体を低下させてしまうのである（Lee *et al.*, 1997）。

4.3 協働を可能にする対策

　Chopra and Meindl（2012）は、次の4つの対策がサプライチェーンにおける協働を可能にし、ブルウィップ効果を緩和すると論じている。4つの対策とは、目標とインセンティブの連携、情報の精度向上、オペレーションのパフォーマンスの改善、およびサプライチェーン内での戦略的パートナーシップの構築である。

▶ 目標とインセンティブの連携

　サプライチェーンの各組織がサプライチェーン全体の価値を最大化するように努力すべく、目標とインセンティブを連動させることで、サプライチェーン内の協働を実現させることができる。組織のインセンティブがサプライチェーンの目標実現の障壁になってしまう例として、営業のインセンティブがある。消費財を扱うメーカーの多くは、サプライチェーンにおけるすべてのプロセスを自社内で完結させるのが難しいため、小売業者を通じて自社商品を消費者に販売している。メーカー内で小売業者の販売を担当する営業部門のインセンティブの仕組みは、月次あるいは四半期ごとの販売実績に応じてその報酬が支払われるようになっている。問題が発生するのは、その販売実績が小売業者へ

の引き渡し（セル・イン）をもとに算出され、最終消費者への実需（セル・アウト）ではない時（実際のビジネスにおいて、メーカーが資本関係のない小売業者と小売業者の機密情報にあたる最終消費者へのモデル別販売実績情報を共有するのは容易ではない）である。その場合、営業は自らの報酬を最大化すべく、月末あるいは四半期末になると、台数ディスカウントを小売業者に提示しながら、最大限の商品を小売業者に押し込んでいこうとする。しかしながら、この状態は、セル・インは増えても、セル・アウトが増えていないため、小売業者の在庫が増えただけである。その結果、翌月の小売業者からの注文は激減し、逆に過剰在庫をさばくために追加の支援金を営業に対して要請してくることになる。こうして、サプライチェーンの目標と営業のインセンティブが連携していないために、セル・アウト段階の需要変動がないにもかかわらず、セル・イン段階の需要が大きく変動してしまうというブルウィップ効果をまともに発生させるかたちになってしまう。協働された意思決定を行ううえで鍵となるのは、どんな組織であっても、そのインセンティブがサプライチェーン全体の目標と整合性を保つようにすることなのである。

▶ 情報の精度向上

　サプライチェーン内の異なる組織で利用可能な情報の精度を向上させることにより、協働を通じて、ブルウィップ効果を緩和することができる。たとえば、サプライチェーン全体で販売時点情報管理（POS）データを共有することでブルウィップ効果を減らすことができる。ブルウィップ効果が発生するのは、サプライチェーンの各組織が将来需要の予測のために、現在受注している注文情報を使う場合である。各組織の注文量が異なることから、サプライチェーンの段階ごとの需要予測も異なってくる。実際には、サプライチェーンが満たす必要のある需要は最終需要者のもののみである。小売業者のPOSデータをサプライチェーンの他の組織と共有することができれば、すべてのサプライチェーンの組織が最終顧客需要に基づいて将来需要を予測することができる。POSデータが共有されれば、すべてのサプライチェーンの段階において最終顧客需要と同じ変化に対応すればよいので、ブルウィップ効果の減少に有効である。

　一旦POSデータが共有された後、さらにレベルを上げた協働のためには、

サプライチェーンの異なる組織が共同で需要を予測し、その需要に適した行動をとることが必要になる。

▶ オペレーションのパフォーマンスの改善

欠品が生じた場合、オペレーションのパフォーマンスを改善し、商品の適切な供給を図ることでブルウィップ効果を緩和することができる。たとえば、補充のリードタイム短縮といったオペレーションのパフォーマンスを改善できれば、とりわけ、季節性の高い商品にとっては有効である。なぜなら、補充のリードタイムが短ければ、同一シーズンに複数回にわたり発注を行うことができ、需要の変化に合わせて補充できるからである。その過程で学習効果による需要の読みの改善も期待できる。

▶ サプライチェーン内での戦略的パートナーシップの構築

サプライチェーン内において、戦略的パートナーシップを構築できれば、ブルウィップ効果を削減することが可能である（第1章2節「問題意識と本書の意図」参照）。精度の高い需要予測情報をサプライチェーン内の各段階で共有できれば、需要と供給のマッチングを可能にし、サプライチェーンにおけるコストを低く抑えることもできる。たとえば、取引先の小売業者が、機会主義的[9]行動に走った場合[10]メーカーの不確実性は高まることになる。したがって、こうした状況下、メーカーの販売計画を達成するには、どの小売業者に対して、どれだけ値引きをすれば、どのくらいの発注量が見込めるかを予測し、そのために必要な値引きのための予算を余分に確保しておかねばならない。戦略的なパートナーシップを構築できれば、こうした機会主義的な要求に対応するコストを抑えることができる。

サプライチェーンにおけるパートナーシップにおいて重要なことは、一方だけではできないことが、1つのチームとなって共に取り組むことで可能となり、新しい価値を創出できることを最重要視する姿勢を確認することである。その

---

9) Williamson（1996）によれば、機会主義を、狡猾さを伴った私的利益の追求活動と定義している。
10) たとえば、値引きがないと注文に応じないなどの取引行為がこれにあたる。

ためには、互いの局所的な利害関係にこだわるのではなく、大局的な視点から互いの利益を考えることが重要で、パートナーシップを通じて、何を実現させたいか、一緒にどんなゴール描きたいかという最終目標をすり合わせることが必要である。また、Heide（1994）は、パートナーシップ関係を形成するための考慮点として、①事業に対する哲学や価値観、②相互依存性、③貢献度などをあげているが、さらに注目すべきは、④相手が付加価値志向なのか、または数量志向なのかという点であり、前者の志向が強い相手ほどパートナーシップ関係がふさわしい（逆に、後者が強い相手は、機会主義的行動に走りやすいため、パートナーシップ関係にはふさわしくない）としている点である。

　具体的な戦略的パートナーシップの管理手法としては、連続補充方式（continuous replenishment programs: CRP）、ベンダー管理在庫（vendor managed inventory: VMI）、協働的な商品販売計画・需要予測・補充（collaborative planning forecasting and replenishment: CPFR）などがあげられる。次項にて、それらの詳細を見ていこう。

4.4　CRP と VMI

　ブルウィップ効果は、サプライチェーンの全体に分かれている補充責任を1つの組織に集約することで、低減することができる。そのためには、サプライチェーンにおける様々な注文を動かすための共通の需要予測が必要である。補充の責任を1つの組織に集約するという協働は、自動補充方式と呼ばれ、2種類のやり方がある。1つは、連続補充方式（continuous replenishment programs: CRP）である。もう1つは、ベンダー管理在庫（vendor managed inventory: VMI）である。いずれの場合も、供給する側が供給される側の需要予測情報や在庫状況をリアルタイムに把握しつつ、供給する側が適正な在庫量を算出し提供する管理手法である。

　CRP は、北米のスーパーチェーン店／加工食品業界で始まった ECR[11] 戦略の施策の1つであり、あらかじめ取り決めた在庫水準を維持するように連続的

11）ECR とは、efficient consumer response：効率的顧客対応のことで、メーカーと小売業者のチェーン店が協力して、情報や商品を必要としている場所へ、迅速かつ確実に、そして低コストで供給しようという考え方である。
12）補充が店舗レベルでない理由は、オペレーションが複雑になるためである。

に補充する仕組みである。その補充は、店舗レベルではなく[12]、チェーン店全体の中央倉庫の在庫から実際に出庫される数量に基づいて計算されることが多い。ただし、その施策の前提として、メーカーと小売業者がITシステムを通じてつながっており、適切な情報インフラストラクチャを構築している必要がある。CRPにおいては、小売業者が保管する在庫の所有・在庫責任は、小売業者自身となる。そして、発注業務は、小売業者が行う。

VMIは、北米のウォルマート（Wal-Mart：スーパーマーケットチェーン）とGEの電球で始まったECR戦略の施策の1つであり、補充の仕方は、CRPと同様、小売業者がメーカーと消費者への販売結果（実需）や在庫情報を共有し、共通の需要予測をもとに、メーカーが小売業者の在庫の補充量を算出し、その補充を行うものである。VMIにおいて、CRPと大きく異なるのは、小売業者が保管する在庫の所有と在庫責任はメーカーとなる。また、小売業者の発注業務もない。

いずれの場合も、コモディティ化した定番商品のように需要の不確実性が低い商品にはうまく適用できても、新商品やバーゲン商品のような、需要の不確実性が高い商品では、需要の振れに備える安全在庫を増すという対応になり、コストも重なってパフォーマンスは低くなる。需要予測精度を上げるという方向での努力が必要になるのである。このような問題を解決するために、CPFRが開発された（Barratt, 2004）。

4.5 CPFR

米国の流通標準化推進団体であるVICS（Voluntary Interindustry Commerce Standards Association）によると、CPFRは、「メーカーと小売業者が、協働的な商品・販売計画と需要予測に基づいて、補充を適切に運用するために、取引パートナー間で確立するプロセスである。すなわち、メーカーと小売業者が協働して（collaborative）、商品・販売計画を立案し（planning）、需要予測を連動させ（forecasting）、それらの計画や需要予測に基づいて、生産や補充を行うことである」と定義している。CPFRが成功するためには、当

---

13) たとえば、どのような情報をどのタイミングで共有するかなどを明確にすることがこれにあたる。

図2.10　CPFRの標準プロセス

（出所）Voluntary Interindustry Commerce Standards（VICS）（1998）「Collaborative Planning Forecasting and Replenishment. Voluntary Guidelines」（www.cpfr.org）をもとに著者作成

事者間で同じデータを同期化し、情報交換のためのルール[13]を定めるという前提がなければならない。

　VICS（1998）は、CPFRの標準プロセスとして**図2.10**に示す9つのステップを描いている。それは、大きく3つのフェーズ（計画、需要予測、補充）に分けられる。

　第1の計画フェーズでは、パートナー間で協働の範囲を決め、そのうえで、それぞれの役割、責任を割り振り、共通のチェックポイントを明確にしておく。共同の事業計画では、商品の価格、プロモーション、導入予定の新商品、店舗の開設・閉鎖、在庫基準などの重要事項を共有する。活動の時間軸は、年ベースとなることが多い。

　第2の需要予測フェーズでは、協働的な需要予測[14]を、最新のPOSデータ、価格、実施予定のプロモーション、新商品の導入時期、需要動向をもとに行う。活動の時間軸は、四半期ベースとなることが多い。

　第3の補充フェーズでは、小売業者の最新の在庫や販売動向を見極めつつ、合意済みの在庫基準に基づき、補充数量を決める。活動の時間軸は、月次や週次ベースとなることが多い。

　メーカーと小売業者のCPFRがうまく機能するためには、両当事者が例外を解決する手順が準備されていることも重要である。ここでいう例外とは、実

14）この場合、取引先企業との間で使用されるのは、最終顧客需要に基づいて作成された1つの需要予測のみである。

際の需要が両者による予測の誤差の範囲を超える場合やパフォーマンス尺度で想定していなかった現象が起きた場合を指す。そうした尺度には目標を超える在庫や目標に達しない商品不足（欠品）が含まれる。

VICSが1998年に提示したガイドラインの中では、CPFRの実施にあたり、9つのプロセスを順番に協働して行うことが望ましいとしていた。ただし、業界や企業によって様々な制約要件があるため、2004年には、単一の標準シナリオを要請するのではなく、以下のような代表的な3つの展開シナリオを事例として示している。

▶小売イベントでの協働

スーパーマーケットなど多くの小売業の事業環境は、プロモーションその他の小売イベントが需要に対して大きな影響を与える。こういうイベント期間中の欠品、過剰在庫、予想外の物流費用は、小売業者とメーカーの双方の財務パフォーマンスに影響を与える。そうした環境では、小売業者とメーカーの間でプロモーションの計画、需要予測、補充についての協働をすることが非常に効果的である。

小売イベントでの協働では、両当事者が協働の対象となるモデルや定番品目を明確にしておく必要がある。時期、期間、価格設定、広告、展示方策など、イベントの詳細が共有されなければならない。こうした情報に変化が発生した時、小売業者がこの情報をアップデートすることは重要である。そしてイベントによって影響を受ける需要予測推移が共有される。これら予測は小売業者からメーカーへの発注計画とメーカーから小売業者への納入計画に転換される。イベントが進むにつれ、何らかの変化あるいは例外が売上に生じているかどうかは常にモニターされ、もし生じていれば当事者間で調整される。一般消費財メーカーであるP&Gはウォルマートをはじめ、多様な小売業者のパートナーと小売イベント協働を実施してきた。

15）DCとは、在庫を保管し、店舗のオーダーに応じて出荷する物流センターのことである。

▶ 在庫型物流センター（distribution center: DC[15]）での補充協働

DC での補充協働では、メーカーの取引パートナーである小売業者が、DC から店舗への出荷量や DC からメーカーへの先行注文を予測する。これらの注文予測推移のうち一定期間の分が、DC からメーカーに対する確定注文に転換される。こうした情報によりメーカーは、予想される注文を今後の製造・配送・調達計画に組み込んでいくことができる。その結果、メーカーは製造・配送・調達業務の効率的な運用が可能になり、小売業者にとっては過剰在庫や欠品の削減につながる。

DC 補充協働は、店舗ごとの詳細データの共有を必要としないことから、比較的容易に実施できるため、産業界において最もよく普及している協働の形態である。

▶ 協働的な品揃え計画

流行の衣料品やその他の季節性商品には季節的な需要パターンがある。こうした製品カテゴリーにおける協働の対象期間はワンシーズンに限られ、季節ごとに行われる。協働的な品揃え計画では、あらかじめ選択された取り扱い品目に対する注文が先行して予測されているため、メーカーは長期のリードタイムで材料部品を購入し、製造能力を計画することができる。もし、様々な製品ミックスに対応できるように製造能力を柔軟に変えることができ、材料部品がある程度標準化されているのであれば、この形態の協働は非常に役に立つ。

Skjoett-Larsen *et al.*（2003）は、VICS が提示するステップ・バイ・ステップの手順というよりは、むしろパートナーごとに異なる協働の度合いに着目して CPFR をとらえるべきだと主張する。CPFR は、協働の幅（プロセスの数）と深さ（プロセス統合の度合い）によって、3 つの異なる展開モデル（基本的な CPFR、発展途上の CPFR、先進的な CPFR）が定義できるとした。基本的な CPFR とは、メーカーが小売業者間と共有するデータは小売業者の在庫情報のみで、それをもとにメーカーが補充を行うものである。コスト削減を目的とし、企業間の調整は行われない。発展途上の CPFR では、共有するデータは事前の調整、合意のもとにその範囲を決定する。たとえば、実需データ、販

売促進計画、発注計画、新製品導入計画などである。コスト削減と合わせて、顧客満足の向上を目指す。先進的なCPFRでは、共有するデータは製品開発から生産計画、配送計画、マーケティングにいたる幅広い活動が対象となり、共通の目標のもと、頻繁に業務調整を行う。より戦略的なプロセスの統合を通じて、共通の問題解決を目指すものである。

5　まとめ──4つの協働構成要素の抽出──

　本章では、本書の焦点であるサプライチェーンにおける需要予測と協働に関する基礎概念として、SCMの定義、SCMとパフォーマンスの関係、パフォーマンス創出のための戦略的適合の概念、サプライチェーンにおける需要予測、需要予測におけるサプライチェーン内の協働についてレビューした。

　本節では、Chopra and Meindl（2012）の戦略的適合の概念を基盤としながら、先行研究におけるサプライチェーンとパフォーマンスの関係について整理をし、そこから、サプライチェーン協働を構成し、パフォーマンス向上に影響を及ぼす主要な要素抽出を行う。ここで、抽出される主要な要素は、サプライチェーンにおける製造と販売をそれぞれ担う組織同士の協働活動のパフォーマンスにも影響を及ぼすということを示している。

　結果として、「製品ライフサイクル」「小売業者の選択」「製品カテゴリー」「協働レベル」の4つを協働構成要素として抽出する。「製品ライフサイクル」「小売業者の選択」「製品カテゴリー」を抽出する理由は、先行研究において、商品特性とサプライチェーン・プロセス間の戦略的適合を実践し、パフォーマンスを向上させるうえで重要な要素と位置づけられているからである。「協働レベル」を抽出する理由は、協働を成功に導くためには、上述の「製品ライフサイクル」「小売業者の選択」「製品カテゴリー」への適合を考慮に入れながら、協働活動自体を変化させていかねばならず、協働のレベルという視点から協働活動をとらえていく必要があるからである。

　しかしながら、先行研究においては、これら4つの主要な要素が、それぞれ個別にパフォーマンスに影響を及ぼすということは示されているものの、それをどう組み合わせたらパフォーマンス向上に影響を及ぼすのかについては、十

分な検証が行われていない（Nagashima *et al.*, 2015b）。

　以上の知見を踏まえて、次章以降では、これら4つの主要な要素をどのように組み合わせていくことがパフォーマンス向上に影響を及ぼすのかを実証的に明らかにしていく。

参　考　文　献

Aitken, J., Paul Childerhouse, P. and Towill, D. (2003), "The impact of product life cycle on supply chain strategy," *International Journal of Production Economics,* Vol. 85, No. 2, pp. 127-140.

網倉久永・新宅純二郎（2011）『マネジメント・テキスト　経営戦略入門』日本経済新聞出版.

Barratt, M. (2004), "Understanding the meaning of collaboration in the supply chain,"*Supply Chain Management: An International Journal,* Vol. 9, No. 1, pp. 30-42.

Beamon, M.B. (1999), "Measuring supply chain performance," *International Journal of Operations & Production Management,* Vol. 19, No. 3, pp. 275-292.

Cachon, G. P., and Lariviere, M. A. (2001), "Contracting to assure supply: How to share demand forecasts in a supply chain," *Management Science,* Vol. 47, No. 5, pp. 629-646.

Chopra, S. and Meindl, P. (2012), *Supply Chain Management,* fifth edition, Pearson Prentice Hall.

Christopher, M., Godsell, J. and Jüttner, U. (2005), "Transforming the supply chain into a demand chain," *Proceedings of the Annual Logistics Research Network Conference,* Plymouth, England.

Christopher, M. (1998), *Logistics and Supply Chain Management: Strategies for Reducing Costs and Improving Services,* London: Pitman Publishing.

Das, A., Narasimhan, R. and Talluri, S. (2006), "Supplier integration: finding an optimal configuration," *Journal of Operations Management,* Vol. 24, No. 5, pp. 563-82.

Daugherty, P.J., Richey, R.G., Roath, A.S., Min, S., Chen, H., Arndt, A.D. and Genchev, S.E. (2006), "Is collaboration paying off for firms?," *Business Horizons,* Vol. 49, No. 1, pp. 61-70.

Dean, J. (1950). Pricing Policies for New Products. *Harvard Business Review,* Vol. 28, No. 6, pp. 45-53.

Ferdows, K (2008), "Managing evolving global production networks, in Galvan, R. (Ed.)," *Strategy Innovation and Change: Challenges for Management,* Oxford, pp. 149-162.

Fisher, M. L. (1997), "What is the right supply chain for your products?" *Harvard Business Review,* Vol. 75, No. 2, pp. 105-116. (高橋洋訳 (1998)「商品特性に合わせた戦略的サプライチェーン設計」『ダイヤモンド・ハーバード・ビジネス』)

Forrester, J. W. (1958), " Industrial dynamics: A major breakthrough for decision makers," *Harvard Business Review,* Vol. 36, pp. 37-66.

Frohlich, M.T. and Westbrook, R. (2001), "Arcs of integration: an international study of supply chain strategies", *Journal of Operations Management,* Vol. 19, No. 2, pp. 185-200.

Golicic, S.L., Foggin, J.H. and Mentzer, J.T. (2003), "Relationship magnitude and its role in interorganizational relationship structure," *Journal of Business Logistics,* Vol. 24, No. 1, pp. 57-76.

Heide, J. B. (1994), "Interorganizational Governance in Marketing Channels," *Journal of Marketing,* Vol. 58, No. 1, pp. 71-85.

伊藤宗彦・永島正康 (2009)「国際間にまたがるサプライ・チェーン・マネジメント——日仏間の情報家電製品のケース——」『流通研究』第 12 巻, 第 1 号, 33-48 頁.

Kahn, K.B. and Mentzer, J.T. (1996), "Logistics and interdepartmental integration," *International Journal of Physical Distribution and Logistics Management,* Vol. 26, No. 8, pp. 6-14.

Kotler, P. (1965). Phasing out weak products. *Harvard Business Review,* March-April, pp. 170-187.

Lambert, D.M., Knemeyer, A.M. and Gardner, J.T. (2004), "Supply chain partnerships: Model validation and implementation," *Journal of Business Logistics,* Vol. 25, No. 2, pp. 21-42.

Lee, H. L., Padmanabhan, V. and Whang, S. (1997), "The bullwhip effect in supply chains," *Sloan Management Review,* Vol. 38, No. 3, pp. 93-102.

Lee, H. L. (2002), "Aligning supply chain strategies with product uncertainties," *California Management Review,* Vol. 44, No. 3, pp. 105-119.

Lee, H. L. and Choi, B. (2003), "Knowledge Management Enablers, Processes, and Organizational Performance: An Integrative View and Empirical Examination," *Journal of Management Information Systems,* Vol. 20, No. 1, pp. 179-228.

Levitt, T. (1965). Exploit the Product Life Cycle. *Harvard Business Review,* Vol. 43, No. 6, pp. 81-94.

Li, S., Ragu-Nathan, B., Ragu-Nathan, T.S. and Rao, S.S. (2006), "The impact of supply chain management practices on competitive advantage and organizational performance," *OMEGA,* Vol. 34, No. 2, pp. 107-124.

Matchette, J. and von Lewinski, H. (2006), "How to enable profitable growth and high performance," *Supply Chain Management Review,* Vol. 10, No. 4, pp. 49-54.

松尾博文 (2003)「SCM のための統合モデリング」『日本オペレーションズ・リサーチ学会』第 12 月号, 886-891 頁.

松尾博文「電機メーカーは小売に進出せよ。──シリーズ・オペマネの思考法──」『ダイヤモンドオンライン』https://diamond.jp/articles/-/33413?page=5（最終検索日：2018 年 2 月 2 日）.

Mentzer, J., Witt, W. D., Keebler, J., Min, S., Nix, N., Smith, D., and Zacharia, Z. (2001), "Defining Supply Chain (SC) management," *Journal of Business Logistics,* No. 22, Vol. 2, available at : http://dx.doi.org/10.1002/j.2158-1592.2001.tb00001.x

Min, S., Roath, A. S., Daugherty, P. J.,Genchev, S. E., Chen, H., Arndt, A. D., and Richey, R. G. (2005), "Supply chain collaboration: What is happening?," *International Journal of Logistic Management,* Vol. 16, No. 2, pp. 237-256.

Moberg, C.R., Speh, T.W., and Freese, F.T. (2003), "SCM: Making the vision a reality," *Supply Chain Management Review,* Vol. 7, No. 5, pp. 34-39.

Morita, M., Machuca, J. A. D. and Pérez Díez de los Ríos, J. L. (2018), "Integration of product development capability and supply chain capability: The driver for high performance adaptation," *International Journal of Production Economics,* Vol. 200, pp.68-82.

Nagashima, M., Lassagne, M., Morita, M., and Kerbache, L. (2015a), "Dynamic adaptation of supply chain collaboration to enhance demand controllability," *International Journal of Manufacturing Technology and Management*, Vol. 29, No. 3/4, pp. 139-160.

Nagashima, M., Wehrle, F.T., Kerbache, L., and Lassagne, M. (2015b), "Impacts of adaptive collaboration on demand forecasting accuracy of different product categories throughout the product life cycle," *Supply chain management: An international journal*, Vol. 20, No. 4, pp. 415-433.

日本コカ・コーラ「コカ・コーラシステムについて」https://www.cocacola.co.jp/company-information/coca-cola-system（最終検索日：2020年7月12日）.

Pagell, M. (2004), "Understanding the factors that enable and inhibit the integration of operations, purchasing and logistics," *Journal of Operations Management*, Vol. 22, No. 5, pp. 459-87.

Prajogo, D. and Olhager, J. (2012), "Supply chain integration and performance: The effects of long-term relationships, information technology and sharing, and logistics integration," *International Journal of Production Economics,* Vol. 135, No.1, pp. 514-522.

Sanders, N.R. (2008), "Pattern of information technology use: the impact of buyer-supplier coordination and performance," *Journal of Operations Management,* Vol. 26, No. 3, pp. 349-67.

セブン-イレブン・ジャパン「セブン-イレブン・ジャパン HP」https://www.sej.co.jp/company/aboutsej/distribution.html（最終検索日：2020年7月12日）.

Simatupang, T. M. and Sridharan, R. (2002), "The collaborative supply chain," *The International Journal of Logistics Management,* Vol. 13, No. 1, pp. 15-30.

Simchi-Levi, D., Kaminsky, P., and Simchi-Levi, E. (2008), *Designing and Managing the Supply Chain: Concepts,Strategies and Case Studies*, International Edition: McGraw-Hill.

Singh, P. J. and Power, D. (2009),"The nature and effectiveness of collaboration between firms, their customers and suppliers: a supply chain perspective,"*Supply Chain Management: An International Journal,* Vol. 14, No. 3, pp.189-200.

Skjoett-Larsen. T., Thernøe, C. and Andresen, C. (2003), "Supply chain collaboration: Theoretical perspectives and empirical evidence," *International Journal of Physical Distribution & Logistics Management,* Vol. 33, No. 6, pp. 531-549.

Spekman, R.E., Kamauff, J.W. Jr and Myhr, N. (1998), "An empirical investigation into supply chain management: a perspective on partnerships," *International Journal of Physical Distribution & Logistics Management,* Vol. 28, No. 8, pp. 630-650.

Stank, T.P., Keller, S.B. and Daugherty, P.J. (2001a), "Supply chain collaboration and logistical service performance," *Journal of Business Logistics,* Vol. 22, No. 1, pp. 29-48.

高橋昭夫 (1989)「プロダクト・ライフ・サイクル論に関する基礎的考察」4『明治大学大学院紀要 商学篇』第26集, 111-127頁.

Voluntary Interindustry Commerce Standards (VICS) (1998), Collaborative Planning Forecasting and Replenishment. Voluntary Guidelines, www.cpfr.org. (最終検索日：2012年9月1日).

Williamson, O.E. (1996), *The Mechanisms of Governance,* Oxford University Press.

第 3 章

リサーチ・デザイン

　本章では、これから調査・分析の記述を始めるにあたり、本書が採用した分析の視点と方法を説明する。前章では、本書の焦点である需要予測におけるサプライチェーンの協働を理解するための基礎概念や定義を示した。そのうえで、サプライチェーン協働を構成し、パフォーマンス向上に影響を及ぼす4つの要素、「製品ライフサイクル」「小売業者の選択」「製品カテゴリー」「協働レベル」の抽出を行った。本章では、抽出された4つの主要な協働の構成要素を中心に、需要予測におけるサプライチェーンの協働に対して先行研究ではどのような視点をもっていたのかを明らかにする。そのうえで、本書では、どのような視点で分析を行うのかを、その意義とともに述べる。

1　先行研究の分析視点

　本書の焦点である需要予測におけるサプライチェーンの協働に関連して、以下、サプライチェーンの協働、需要予測と4つの構成要素、CPFR、パフォーマンス向上に対する先行研究の視点を明らかにする。

▶ サプライチェーンの協働

　サプライチェーンの協働は、2社以上の企業が協力して、単独で行動するよりも高い競争優位性と利益を創出することと定義される（Flynn *et al.*, 2010; Van der Vaart and Van Donk, 2008; Simatupang and Sridharan, 2002）。サプライチェーンの協働は、マーケティングや戦略などの様々なマネジメント分野から魅力的な研究対象として扱われてきた経緯がある。したがって、統合、調

整、情報共有といった様々なかたちの中で概念化されてきた。サプライチェーンの協働の概念が多次元化しているのである（Das *et al.*, 2006）。特に、製品にはライフサイクルがあり、製品ライフサイクルの各段階では、サプライチェーン協働のマネジメントのあり方は変わってくる（Stonebraker and Liao, 2003）。

　サプライチェーンの協働に関する多くの研究では、このように研究の焦点が多次元化しつつある一方、パフォーマンス測定の指標が限定的なため、サプライチェーン協働とパフォーマンスの関係で見出した結論に整合性がなかったり、時には結論そのものが見出せなくなったりしている（Devaraj *et al.*, 2007; Germain and Iyer, 2006; Das *et al.*, 2006; Stank *et al.*, 2001b）。

　サプライチェーンの協働は、パフォーマンスを改善するための主要なビジネス戦略の1つと考えられている（Flynn *et al.*, 2010; Van der Vaart and Van Donk, 2008; Frohlich, 2002）。しかしながら、実際のビジネスにおいては、その実践は難しく、とらえどころのない目標にとどまっている（Beth *et al.*, 2003）。

▶ 需要の不確実性と 4 つの協働構成要素

　需要予測における協働の適切なかたちを決定づける重要な条件の1つとして、需要の不確実性がある。なぜなら、この不確実性が需要予測を難しくし、様々な経営ロスを招いてしまうからである。需要の不確実性を低減し、需要予測の精度を上げることにより、経営パフォーマンスを向上させることが、サプライチェーンの協働を推進する基本的な原動力と考えられている（Welker *et al.*, 2008; Wong & Boon-itt, 2008; Sari, 2008; Lee, 2002; Fisher, 1997; Davis 1993）。とりわけ革新的な製品においては、その高い需要の不確実性を低減しようという動機づけは高い（Germain *et al.*, 2008; Davis, 1993）。需要の不確実性はサプライチェーンの外にある（外的）要因と内にある（内的）要因の2種類の要素から発生する。外的要因については多くの研究がなされている。経済変動（Lee, 2002）あるいは顧客需要の変動性（Sari, 2008）によって需要予測の困難さが説明できるため、経済や顧客需要の変動をとらえる精緻な需要予測のモデル化の研究に焦点が当てられがちである（Cohen *et al.*, 2005）。しかしながら、

こうした需要予測のモデルは、実際のビジネス実務の現場での使用に耐えうる水準にまでは到達していない。その一方で、価格設定、販売促進活動、補充、広告宣伝、品揃え計画といった小売業者の行動に関連する内的要因こそが、需要予測において重要な役割を果たしているのである（Cachon and Lariviere, 2001）。

需要の不確実性は製品ライフサイクルと密接に関係している（Hayes and Wheelwright, 1979; Thietart and Vivas, 1984）。Chopra and Meindl（2012）は、需要の不確実性が製品ライフサイクルのどの段階にあるかに左右されることを示した。つまり、新規に導入された製品で過去のデータがないことは、需要予測モデルの有効性の証明を困難にする一方、市場が飽和するに従い需要の不確実性は減っていく。そして、この製品ライフサイクルは、製品カテゴリー、パートナーとなる小売業者の選択とも密接に関連し合いながら、製販協働活動（本書でいう協働レベル）を規定している。たとえば、新しい革新的なコンセプトの商品を初めて導入する場合、専門店における対面販売を中心に、ターゲットとする新しもの好きの顧客に対して製品価値を訴求するのが効果的である。その一方で、コモディティ化した成熟期には、ディスカウントストアーを中心に価格の安さを、価格に敏感な顧客に訴求していくことが、最良の選択肢になる（Combs, 2004）。理論的には、こうした小売業者の戦略にメーカーの戦略を連携させ、製品ライフサイクル、製品カテゴリー、協働のレベルといった協働構成要素を包括的に加味しながら、需要予測の精度向上のためのプロセスを考えていくべきである。しかしながら、既存の研究では、こうしたアプローチは見られない（Christopher *et al.*, 2005）。

▶ CPFR

CPFR は、パートナーを組むメーカーと小売業者が、共同需要予測や補充計画を共有できる仕組みを構築することで、メーカーの商品・販売計画、需要予測そして補充のプロセスを小売業者と統合することを可能にする、サプライチェーン協働の仕組みである。CPFR に関する学術的な関心は増大しつつあるものの、これまでのところその研究のほとんどは CPFR の設計（Chen *et al.*, 2009 など）もしくはそれを分析的にモデル化すること（Fu *et al.*, 2010; Aviv,

2002 など）に焦点を当ててきた。どのような協働を行うと、どれだけパフォーマンスが向上したかという実証的な検証を行った研究はほとんどない（Wang *et al.*, 2012; Morita *et al.*, 2011）。CPFR のパフォーマンスの継続的な測定が困難であるだけでなく、それらを達成したプロセスの軌跡が記録に残されていることが非常に稀なのである。さらに、ほとんどの CPFR 研究が取り扱っているのは需要が比較的安定していて、長いライフサイクルの製品に限定されている（Yao *et al.*, 2013）。文献の中には、協働がすべての企業にとっての唯一最良の処方箋であると考えることはできないと主張しているものもある（Arshinder and Deshmukh, 2008; Sari, 2008; Welker *et al.*, 2008; Van Donk and van der Vaart, 2004）。こうした先行研究の状況は、協働を語るうえでは、その適切なかたちを決定づける条件というものをしっかり調査することが不可欠であることを示している。

▶ パフォーマンス向上

　CPFR をはじめとするサプライチェーンの協働による一般的な成果としてあげられるのは、第1に、市場対応の向上（Bowersox and Daugherty, 1995; Leenders *et al*, 1985; Nix, 2001）、第2に、製品入手の確保（Bitner 1995; Smeltzer and Siferd, 1998）、第3に、在庫の最適化（Cooper and Ellram, 1993; La Londe and Masters, 1994）、第4に、収入の増加（Andraski, 1999; Mentzer *et al.*, 2000）である。

　しかしながら、こうした成果が期待できるにもかかわらず、実際のビジネスにおいては、CPFR 導入は、期待通りには進んでいない（Smaros, 2007; Barratt, 2004; 中野, 2010）。中野（2010）によると、CPFR は、概念が先行しており、実務においては、まだ十分に機能していないという。先行研究においても、CPFR の導入は理論的にはパフォーマンスの向上をもたらすということが示されているが、サプライチェーン活動のパフォーマンス測定に関する首尾一貫した研究が存在していない（Matchette and von Lewinski, 2006; Lee *et al.*, 1997）。サプライチェーン協働をうまく実践するのが難しい理由の1つは、その実践を支える研究の蓄積がこのように限定的だからである（Pagh and Cooper, 1998; Mentzer *et al.*, 2000）。

▶ SCM における戦略的適合の実践

前章では、Chopra and Meindl（2012）により定義された戦略的適合の概念について提示した。この概念はサプライチェーンにおいても重要でありながら、既存研究においては十分に掘り起こせていない（Wong *et al.*, 2012; Morita *et al.*, 2011; Chopra and Meindl, 2012; Lee, 2002; Fisher, 1997）。目標とする顧客価値を達成するための戦略的適合の概念については一般的合意がなされているにもかかわらず、SCM における戦略的適合の概念の研究と実践については、厳密にどのように連携が達成され、どのようなパフォーマンス上の含意があるのかに関する知見が欠如している（Wong *et al.*, 2012; Morita *et al.*, 2011）。

サプライチェーンの協働構成要素として前章にて抽出した「製品ライフサイクル」「小売業者の選択」「製品カテゴリー」「協働レベル」に関しても、それぞれ個別にパフォーマンスに影響を及ぼすということは示されているが、それをどう組み合わせたらパフォーマンス向上に影響を及ぼすのかについては、十分な検証が行われていない（Nagashima *et al.*, 2015b）。

2　本書の分析視点

前節で概観した先行研究の分析の視点を踏まえ、本節では、そこに潜む問題の所在とそれを解決するための本書の分析視点を3つ提示する。

第1に、サプライチェーンの協働をうまく機能させるためには、何をどのようにすべきかを明らかにする包括的な研究の蓄積が不足しているという問題に対して、協働の適切なかたちを決定づける条件というものを明らかにするという視点である。その意味において最大の課題は、パフォーマンスを最大化するために、協働のレベルをどのようにして決めるかということである。この点に関する研究は非常に稀で、実務面でもその処方箋は描き切れていない。本書では、この協働のレベルについて、需要の不確実性低減を図りながら、適切にマネジメントするための新たな枠組みの仮説を提示する。

第2に、サプライチェーン活動のパフォーマンス測定に関する首尾一貫した研究が存在しないという問題に対して、協働を構成している主要な要素がパ

フォーマンスを改善するためにどのように機能しているかを明らかにするという視点である。協働を通じてパフォーマンスを向上させるには、様々な要素が相互に関連し合っている。協働を実践するビジネスマンが、こうした構造を理解せずに、協働を成功させることは非常に難しい。そこで、本書では、CPFRの実践の中で、協働を構成している主要な要素がどのように機能し、それがどれだけのパフォーマンス向上をもたらすのかということを実証的な検証を通じて明らかにする。

　第3に、SCMにおける戦略的適合の概念の実践は、パフォーマンスを向上させるうえで重要であると考えられているが、先行研究ではその関係は十分に掘り起こせていないという問題に対して、Chopra and Meindl（2012）の戦略的適合の概念を、協働を構成する要素間の運用に援用することで、適切な協働のあり方をマネジメントする新たな概念を提示するという視点である。Chopra and Meindl（2012）によれば、企業にとって戦略的適合に関する重要な問題は、サプライチェーンを、製品ライフサイクル、顧客セグメント、それに製品カテゴリーのポートフォリオに合わせて、効率性と市場対応性をバランスさせるようなサプライチェーンとして設計することであるという。本書では、協働を構成する要素として、製品ライフサイクル、小売業者の選択、製品カテゴリー、協働レベルの4点を抽出した。Chopra and Meindl（2012）が提示した顧客セグメントではなく、小売業者の選択を抽出したのは、以下の2つの理由による。第1の理由は、基本的な事業構造として、企業Xのデジタルスチルカメラの商品すべてが小売業者を通じて顧客に販売されており、直接顧客に販売されていないためである。そのため、日常のオペレーションにおいて企業Xと顧客との直接のやり取りは存在しない。第2は、小売戦略は商品戦略と密接に結びついており、サプライチェーンを成功させるうえで、小売業者は極めて重要な役割を果たしているからである（Combs, 2004; Mentzer *et al.*, 2000）。SCM研究は歴史的にサプライチェーンの川上にある製造業のオペレーションに焦点を当ててきたため、川上の製造から川下の小売にいたるまでの機能横断的な分析が必要であるといわれている（Christopher *et al.*, 2005）。本研究では、協働レベルが、製品ライフサイクル、小売業者の選択、製品カテゴリーに合うように適応化されることで、パフォーマンス向上につながると考える。

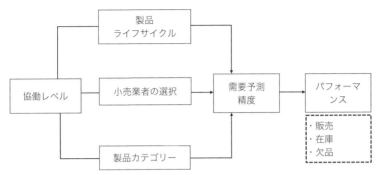

図 3.1　サプライチェーン協働の分析視点

（出所）著者作成

　上記を踏まえ設定したのが、図 3.1 に示す分析視点である。

　図 3.1 では、メーカーが小売業者との協働に取り組むレベルは、製品ライフサイクル、小売業者の選択、製品カテゴリーの適切な組み合わせの中で決まってくるという仮定を設定した。この構成要素の適切な組み合わせという考え方は、Chopra and Meindl（2012）の戦略的適合の概念では、意識されていない。この 4 つの要素の適切な組み合わせに目を向けているのが、本書特有の視点である。第 4〜5 章の事例研究分析における構成要素の適切な組み合わせの検証を通じて、「協働レベル」が他の 3 つの要素の組み合わせによって変わってくることが示される。こうして決定されたレベルで協働を推進することで、需要の不確実性を減少させ、より良いパフォーマンスに結びつけることができるということを検証していく。

3　分析の方法

　製販協働活動とパフォーマンス向上の関係について、本書では、研究主題として次のようなリサーチ・クエスチョンを提示する。すなわち、「製品ライフサイクルと小売業者の選択を通じてサプライチェーンの協働をどのように実践するか」である。

　この研究主題に答えるため、本書では、副題として以下の 2 つのリサーチ・クエスチョンを設定する。

①　製品ライフサイクルの各段階で需要の不確実性低減とサプライチェーンのパフォーマンス向上に結びつくようなサプライチェーン協働の適切なレベルを設定するためには、4つの構成要素をどのように組み合わせるべきか

②　サプライチェーン協働を構成する製品ライフサイクル、小売業者の選択、製品カテゴリー、協働レベルの4要素と、需要の不確実性の低減ならびにパフォーマンス改善との関係はどのようなものか

上記研究主題について本書が採用したアプローチは、事例研究分析を通じた理論の構築である。Yin（1994）は、現象と文脈の境界が明確でない場合に、その現実の文脈で起きる現在の現象を研究するためには、事例研究分析が選択されるべきとの認識を示している。その理由は、文脈の条件が研究対象の現象と密接に関連している場合に、その条件を慎重に扱うためである。事実、サプライチェーンの協働は現代特有の現象であり、サプライチェーンの協働とその背景・文脈の境界は明確さを欠いている（McCarthy *et al.*, 2002）。Ketokivi and Choi（2014）によれば、精緻化した理論を産出するための事例研究の流れとして、まず定性的な事例研究を通じて、探索的に理論（仮説）を構築したうえで（theory generation）、定量的な事例研究を行い、仮説を検証する（theory testing）という方法論を提示している。本書は、その Ketokivi and Choi の方法論に従い、まず探索的な事例研究を行い、仮説を構築したうえで、その仮説を検証すべく定量的な事例研究を行う。こうした流れの中で、サプライチェーンの協働を効率的に機能させる理論をとらえていく。

リサーチ・クエスチョン①については、需要の不確実性低減とサプライチェーンのパフォーマンス向上をもたらす、適切なサプライチェーンの協働レベルのあり方に関して、定性的な事例分析を行うことで対応している。

リサーチ・クエスチョン②については、製品ライフサイクル、小売業者の選択、製品カテゴリーの組み合わせによって定まる協働レベルと需要の不確実性低減成果（需要予測の精度向上）との関係の定量化を通じて対応している。

以上の研究課題の主題および副題に答えることで、本書では、状況に適応したサプライチェーン協働のための戦略、つまり「適応的コラボレーション戦略」の概念化を図る。そしてまた、このような協働は実際のビジネスの場では、製

品ライフサイクル、小売業者の選択、製品カテゴリー、協働レベルの4つの構成要素のマッチングを意識して実施されるべきであることを論じる。

▶ 分析単位

本書では分析単位として，サプライチェーンにおける協働の3つのカテゴリーを取り上げる。それは、①製品開発から販売にいたる広範囲の協働（高度カテゴリー）、②販売促進を伴う需要予測の協働（中度カテゴリー）、および③補充の協働（低度カテゴリー）である。問題の核心は、サプライチェーン協働のプロセスと組織能力を探究することであり，製品ライフサイクル生涯にわたり需要の不確実性低減によりパフォーマンス成果を向上させることが目的である。

▶ 使用データ

本書の事例研究では3つのデータを使用した。第1に、定性データはインタビューによって入手した。2005年から2009年にかけて、合計60回のインタビューを行った。特に、著者は小売業者・メーカー間の協働とその成果について、小売業者F、小売業者B、そして小売業者Aの12人のマネージャー、企業Xの8人のマネージャー、小売業者の店内にいる40名の顧客に対するインタビューを行った。さらに、小売業者Fのマネージャー4人、取締役1人、商品ラボ室長1人、バイヤー1人、サプライチェーンのマネージャー1人との重要なインタビューは録音を行った。これらインタビューは初期の協働に関連する背景、動機、目標、構造、プロセス、役割と責任、それにパフォーマンス評価を明確にするうえで核となる情報源であり、特に重視した。著者は、かつてプロジェクトリーダーとして企業Xで戦略的小売業者との協働に従事したことから、製品ライフサイクルの異なる段階での需要の不確実性低減に向けた主要な当事者の行動を解釈するために、インタビューを通じての参与観察も利用した。

第2に、上述した需要予測精度（予測と実績の誤差率）を、需要の不確実性低減を管理するための重要なパフォーマンス指標として使用し、2005年から2009年にかけての比較数値を収集した。さらに、2005年から2009年までの期間の補充リードタイム（小売業者の発注から小売業者店舗への納品までに要す

る時間）、商品不足率（欠品率）、在庫日数、売上高といった他の実績データを
パフォーマンス評価に用いた。

第3に、市場パフォーマンス測定のため、市場需要のリサーチ会社である
GfK の 2005 年から 2009 年の市場シェアデータを使用した。また、新しい製品
技術の進化を知るために 2005 年から 2009 年に発行された小売業者 F カタロ
グも活用した。

5 年間（2005 年から 2009 年まで）にわたり、上記のフランス小売業者 3 社[1]
で販売された、企業 X の 3 つの製品カテゴリー[2] に区分されるデジタルスチル
カメラ 169 機種の販売データ（図 3.2）に基づき、下記のように製品ライフサ
イクルと小売業者の違いによって設計される協働レベルが需要予測精度に与え
る影響を評価した。

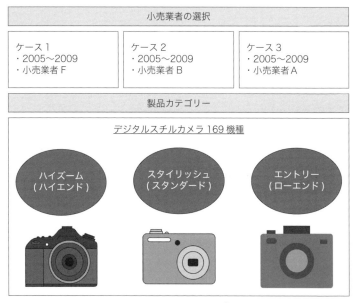

図 3.2　研究スコープ

（出所）著者作成

1) ここでいう小売業者 3 社とは、小売業者 F、小売業者 B、小売業者 A のことである。
2) ここでいう 3 つの製品カテゴリーとは、ハイズーム（高倍率のレイズを搭載したハイエンド・カテ
ゴリー）、スタイリッシュ（デザインがおしゃれで持ち運びやすいサイズ感のスタンダード・カテゴ
リー）、エントリー（価格重視のローエンド・カテゴリー）のことである。

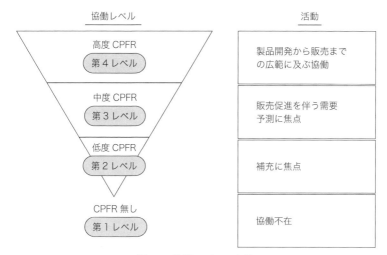

図 3.3　協働レベルの定義

（出所）著者作成

　また、上記 3 つのデータに加え、協働の商品・販売計画、需要予測、補充の程度に応じて、協働レベルを 4 つのレベルにコード化した（**図 3.3** 参照）。第 1 レベルは協働の不在（CPFR 無し）である。第 2 レベルは補充に焦点を当てた低度の協働（低度 CPFR）、第 3 レベルは販売促進活動を伴う需要予測に焦点を当てた中度の協働（中度 CPFR）である。第 4 レベルは製品開発から販売までの広範囲に及ぶ協働に焦点を当てた高度の協働（高度 CPFR）である。

▶ データ品質

　著者の研究は、その品質確保のために Yin（1994）が推奨する研究設計の質の担保のための具体的検証事項に依拠している。Yin（1994）によれば、事例研究が質の高い結果もたらすためには、確認すべき 4 つの具体的検証事項があるとしている。第 1 は、内的妥当性[3)]で、これは因果関係を検証するものである。本書の調査では、内的妥当性を高めるために、協働に関する 4 つの構成要

3）Yin（1996）（訳書, 48〜49 頁）によれば、内的妥当性とは、記述的または探索的研究ではなく、説明的または因果的研究のみにおいて、ある条件が他の条件をもたらすことを示す因果関係が確立していることであると定義している。

素の因果的結びつきを明らかにする説明構築を実施し、時系列分析を通じて事象を年代順に並べることで、因果的な事象を経時的に確定した。第2は、構成概念妥当性[4]で、これは研究コンセプトに対して正しい手法が採られることを担保するものである。これは複数のデータソースの集合と一連のエビデンス、主要な情報提供者の検証を通じた事例研究で実証される。本書の調査では、構成概念妥当性を高めるために、インタビュー、フィールド調査記録、企業の書類・記録を使用し、一連のエビデンスが検証可能であることを確保するため、すべてのデータの記録と追跡調査を行った。さらに、この研究に関連したすべての情報提供者はメンバーチェックを実施し、それぞれの企業の記録や報告の検討と承認を行った。第3は、外的妥当性[5]で、これは分析の一般化、つまり理論的なインプリケーション／示唆を導き出せる、再現可能な結果を引き出すことである。本書の調査では、この課題に応えるべく、複数の事例と関連文献をデータソースとして使用した。第4は、信頼性[6]で、これは研究が再度行われた場合に同様の結果が得られることを保証するものである。本書の調査では、信頼性を担保するために、データ収集と分析において所定の手順と「データベース」[7]を使用し、データベースに保存されているすべてのデータを文書化した。作成された一連のエビデンスは、外部の人間による検証を受け、研究の信頼性を一段と高めるものとした。

4　仮　説　提　示

　本節では、「製品ライフサイクルと小売業者の選択を通じてサプライチェーンの協働をどのように実践するか」という研究課題の主題に応えるために、以下の仮説を提示する。

---

4)　Yin (1996)（訳書, 47～48頁）によれば、構成概念妥当性とは、研究中の概念に関する正確な操作的尺度が確立していることであると定義している。
5)　同上（訳書, 50～51頁）によれば、外的妥当性とは、研究の発見物を一般化しうる領域が確立していることであると定義している。
6)　同上（訳書, 51～52頁）によれば、信頼性とは、データ収集の手続きなど研究の操作を繰り返して、同じ結果が得られることを示すことであると定義している。
7)　データベースとは、ユーザーに依存しない研究者間の共通の場所のことである。

4.1 協働のレベルが需要予測の精度に及ぼす影響

サプライチェーンの協働がブルウィップ効果を減少させるという事実については一般的なコンセンサスがあると考えられる（Forrester, 1958; Lee *et al.*, 1997, Stank *et al.*, 1999; Morita *et al.*, 2011; Eksoz *et al.*, 2014; Hudnurkar *et al.*, 2014; Montoya-Torres and Ortiz-Vargas, 2014; Ramanathan, 2014 and 2013）。逆に、複数の企業の取引において、情報共有や協働努力もなく、それぞれ独立して動いている複数の部門がある場合は、オペレーション上の同期化を欠き、需要の不確実性が増しているように見受けられる（Koloszyc, 1998; Stank *et al.*, 1999）。

さらに具体的には、情報共有によってなされるメーカーと小売業者の協働は、相互にメリットをもたらす可能性がある。小売業者側では、メーカーの新たな商品計画に関する事前情報の入手が、自分たちの顧客に対するより適切な提案の事前検討に役立つ。メーカー側では、過去の需要パターンに基づくコンピューター・モデルの予測だけでなく、小売業者からも直接顧客に関する情報を得ることによって需要予測の精度を高めることができるかもしれない（Cohen *et al.*, 2005; Stank *et al.*, 1999）。

過去、正確な需要予測の分析をするために、非常に多くのモデルが創案されてきたが、それらの精度は小売業者だけが提供できる情報に大きく依存している（Cohen *et al.*, 2005）。Aviv（2007）は、メーカーの製造状況に合わせ予測が動的にアップデートされる環境下で、サプライチェーンの在庫およびサービスのパフォーマンスを定量化できるモデルを提案した。しかし、そうしたモデルの主な欠点は、そのほとんどが実際のビジネスの現場で小売業者が必要とする精度のレベルにいたっていないということである（Cachon and Lariviere, 2001; Cohen *et al.*, 2005）。

サプライチェーンの協働は、サプライチェーンのパフォーマンスを向上させる主要な事業戦略の1つと考えられてきたが（Flynn *et al.*, 2010; Van der Vaart and Van Donk, 2008; Frohlich, 2002）、実際のビジネスの実践でそれを実施することは非常に難しく、しばしばとらえどころのない目標にとどまっている（Stank *et al.*, 1999; Beth *et al.*, 2003; Morita *et al.*, 2011; Wong *et al.*, 2012; Hudnurkar *et al.*, 2014; Montoya-Torres and Ortiz-Vargas, 2014; Ramanathan,

2014 and 2013)。サプライチェーン全体を通じての協働的な連携だけが、コスト削減と収益向上につながる行動のメリットを引き出すことができる。サプライチェーンにおける企業間の効率的な協働が実施されなければ、費用対効果、収益向上、顧客満足は低下してしまう（Spekman *et al.*, 1998）。

　協働の性質とパフォーマンスには様々な要因が関係している。協働レベルも、これらの要因の 1 つである。在庫と販売に関する単純な基本情報の共有、戦略的情報の共有と協働的な戦略計画立案、協働的な商品価値の創造など、協働レベルにも様々な形態がある（Spekman *et al.*, 1997; Golicic and Mentzer, 2005; Lee *et al.*, 2007; Matopoulos *et al.*, 2007; Wiengarten *et al.*, 2010; Morita *et al.*, 2011; Hudnurkar *et al.*, 2014; Montoya-Torres and Ortiz-Vargas, 2014; Ramanathan, 2014 and 2013)。協働レベルが高まれば、サプライチェーン内での情報の非対称性が小さくなり、ブルウィップ効果も打ち消され、需要予測の精度が向上する。以上のことから、次の仮説を提起する。

　　仮説 1：メーカーと小売業者間の協働レベルの引き上げは、需要予測の精
　　　　　　度を向上させる。

4.2　製品ライフサイクルが需要予測の精度に及ぼす影響

　もともと、製品ライフサイクル・マネジメントは数年単位の期間をカバーするために開発された（Thietart and Vivas, 1984）。ライフサイクルにおける最も不確かな部分は導入期だが、需要が安定すると、成熟するに従って予測精度も自動的に高まる（Chopra and Meindl, 2012）。しかし、家電製品などのハイテク市場では、性能の高い中核部材の調達のリードタイムが非常に長くなる一方で、ライフサイクルそのものが非常に短くなっているため、調達や製造の数に関する意思決定はライフサイクル全体にわたり、商品が市場導入される前に実施されなければならない（Kurawarwala and Matsuo, 1991）。そのため、ハイテク市場では製品の成熟度に応じて予測精度が向上するといった旧来の考え方が今でも有効かどうかは不確かであり、検証を要する。以上のことから、次の仮説を提起する。

仮説 2.1：製品ライフサイクルが成熟するほど、需要予測の精度は向上する。

　製品ライフサイクルでは、導入期と成長期が極めて重要である。Stonebraker and Liao（2003）は、需要予測精度を高めるために、導入期もしくは成長期での協働的なサプライチェーンの取組みとして広範囲な統合を目指すべきであることを示した。新商品が成功するか失敗するかを巡って不確実性がある場合、企業はその不確実性が解消されるまで商品の発売を遅らせることができる。しかし、ライフサイクル末期において、そうした稚拙な戦略をとると機会損失を招くことになる（Ramasesh *et al.*, 2010）。サプライチェーンのオペレーション・プロセスを製品ライフサイクルと結びつける概念は、製造の領域でも垣間見ることができる（Hayes and Wheelwright, 1979）。Hayes and Wheelwright（1979）は、製品ライフサイクルの各段階には、それぞれ適切な製造プロセスがあることを示唆した。この枠組みは、企業が製品と川下の小売業者というよりは、川上の製造領域との間でのマッチングを図るうえで有効となる（Christophe *et al.*, 2005）。製品ライフサイクルと結びつけたサプライチェーンについては、とりわけ、川下の小売業者の分野においてさらなるマッチングを図る取り組みが必要である（Pagh and Cooper, 1998; Lamming *et al.*, 2000; Aitken *et al.*, 2003; Jüttner *et al.*, 2006）。特にライフサイクルの短い家電のような商品は調達リードタイムが長いため、ライフサイクルの段階に応じた協働のレベルが需要予測精度に影響を及ぼす可能性が高い。以上のことから、次の仮説を提起する。

仮説 2.2：製品ライフサイクルにおいて異なる協働レベルの引き上げは、需要予測の精度を向上させる。

　第1章で明らかにしたように、製品ライフサイクルの概念は、特定の製品カテゴリー（たとえば、デジタルスチルカメラやテレビといった製品の括り）に対して、適応されることが多い。しかしながら、特定の製品カテゴリーは、ほとんどの場合、複数のサブ・カテゴリーから成り立っているため、何を分析単

位として選定するかによって、描かれる製品ライフサイクルのパターンは異なるものになる。デジタルスチルカメラか、その中のエントリーモデルだけか、あるいは、個々の商品モデルかによって、描かれるサイクルは異なってくる（網倉・新宅, 2011）。本章では、製品ライフサイクルの概念を、デジタルスチルカメラにおける個別の商品モデルについて製品イノベーションの普及という尺度から適用している（第2章2.2項　戦略的適合「製品ライフサイクル」38-40頁参照）。

4.3　小売業者の選択が需要予測の精度に及ぼす影響

　サプライチェーンのメンバー全体で関連情報の流れを管理し、追跡する能力は、近年の技術進歩により大幅に向上している。しかし、企業は利用可能な技術のみならず、チェーン全体を通じた知識移転と情報統合に基づくパートナーシップの構築が、戦略的競争優位の源泉になることを認識しつつある（Kulp *et al.*, 2004）。

　個々の企業の戦いというよりも、むしろサプライチェーンの競争が激しくなりつつある業界においては、パートナーとする小売業者の選択がパフォーマンス向上にとって重要になっている（Lambert and Cooper, 2000; Christopher and Towill, 2002; Elkady *et al.*, 2014）。サプライチェーンの競争とは、メーカーが投入する商品そのものの性能・機能といった指標での技術競争のみならず、顧客が必要とする商品を、必要な時に、必要なだけ的確に提供することで顧客満足の充足を図ることに焦点を当てて競い合うことである。メーカーは小売業者よりも顧客から遠いところに位置しているため、顧客に近い小売業者との協働は需要の予測精度を高めると考えられる（Andraski, 1999; Barratt and Oliveira, 2001; McCarthy and Golicic, 2002; Elkady *et al.*, 2014）。また、協働に見る関係性は、対象顧客層のニーズを満たすように既存商品を改良し、また新商品を開発するための新たな知識をどのように集め、共有し、活用するかという点で重要な意味がある（Subroto and Sivakumar, 2010）。しかし、協働によって得られるメリットがあるにもかかわらず、メーカーとのパートナーシップの構築に成功した小売業者の事例は限られている。小売業界におけるサプライチェーンの協働とパフォーマンスの関連性について調査をした研究も極めて

少ない（Elkady *et al.*, 2014）。

　Stanley and Wisner（2001）は、限られた数のパートナーが適切に活用されている場合、こうしたパートナーとの協働は顧客に対する市場対応を高めることを観察した。特殊なタイプの商品を扱う専門小売業者は、自分たちの顧客に関するより詳細な知識をもっており、それゆえ、メーカーと貴重な情報を共有することができる。たとえば、最新技術を用いた新商品を導入する場合、顧客がそうした新技術を受け入れやすくなる手段として最適であるのは、通常、専門店での対面販売である。他方、既存商品の場合は、量販店を通じて販売するのが最良の選択肢になる（Combs, 2004）。一部の小売業者はアーリーアダプター（新しもの好きの顧客）[8] 向けのライフサイクル導入期の専門性の高い商品だけを扱っていたり、ライフサイクル成長期もしくは成熟期にある専門性の低い商品を中心に扱っているところもある。こうしたことを考慮すれば、各小売業者の専門性にあったコラボレーション戦略が適用されるべきである（Combs, 2004; Christopher *et al.*, 2005; Levy and Weitz, 2009; Elkady *et al.*, 2014）。したがって、需要の予測精度はパートナーとする小売業者選択に依存することになる可能性がある。以上のことから、次の仮説を提起する。

　仮説 3.1：協働する小売業者の専門性が高まるほど、需要予測の精度は向
　　　　　　上する。

---

8) ここで分類されている消費者は、Rogers（1962）が提唱する「イノベーター理論」にもとづいている。「イノベーター理論」とは、商品を購入するタイミングに従い、以下のごとく消費者を5つに分類したものである。
・イノベーター…市場全体の 2.5% を構成。商品を最も早く購入する層であり、新しい商品を積極的に購入する姿勢が見受けられる層である。
・アーリーアダプター…市場全体の 13.5% を構成。イノベーターほど積極的ではないが、流行に敏感であり、自らの判断で商品を購入。発信力があるためオピニオンリーダーとも呼ばれ、他者への影響力は大きい層である。
・アーリーマジョリティ…市場全体の 34% を構成。新商品の購入には慎重だが、比較的早く商品を購入する層である。アーリーアダプターの影響を受けやすい傾向にある。
・レイトマジョリティ…市場全体の 34% を構成。新商品に対し懐疑的であり、周囲の大多数が試している様子を見てから自らも購入する層である。
・ラガード…市場全体の 16% を構成。市場の中で最も保守的であり、商品が伝統化するまでは購入に至らない層である。

　情報共有、補充の同期化、共同製品設計・開発といったメーカーと小売業者との間の情報統合の努力は、サプライチェーンのパフォーマンスを向上させるうえでの主要な手段であることがこれまでにも述べられてきた（Kulp *et al.*, 2004）。小売業者が市場シグナルを読む有力な観察者である時、協働的な予測は一般的にウィン-ウィンの結果[9]をもたらす。市場シグナルとは、顧客のニーズの変化、販売促進計画、天候の変化、将来の需要などと関連づけることのできる需要に関する高度な情報など、サプライチェーンのメンバーが継続的に接することのできるデータの流れを指す（Aviv, 2007）。そのため、小売業者のパートナー選択はサプライチェーン全体のパフォーマンスにとって非常に重要であると考えられている（De Boer and Van der Wegen, 2003）。さらに、パートナー小売業者との情報共有の真のメリットは、情報の効果的かつ効率的な活用（Lee *et al.*, 2000; Raghunathan, 2001；Cachon and Fisher, 2000; Sanders and Premus, 2005）を通して得られる。たとえば、専門小売業者は顧客に関するより詳しい情報を提供することが可能であり、そうすれば、顧客ニーズを満たすための製品開発を含めた高度の協働が需要予測精度に強いプラスの効果をもたらす可能性が高くなる。逆に、専門性が低い小売業者の場合では、顧客に関する情報提供がほとんどないため、高度の協働による需要予測の精度向上は期待できない。その結果、予測精度は小売業者のパートナー選択と、メーカーと小売業者の協働レベルに影響されることになる。以上のことから、次の仮説を提起する。

　　仮説 3.2：小売業者の選択において異なる協働レベルの引き上げは、需要
　　　　　　予測の精度を向上させる。

4.4　製品カテゴリーが需要予測の精度に及ぼす影響

　製品カテゴリーとサプライチェーンの関係は、Fisher（1997）、Ulrich and Randall（2001）、そして Lee（2002）といった著名な研究者が行って以来、幅広く分析されてきた。製品カテゴリーは、そこで展開する商品構成やカテゴ

9）ウィン-ウィンの結果とは、双方が利益を得ることである。

リー構造を定義づけ、さらにはサプライチェーン・プロセス間で調整されなければならない活動を条件づける（Power, 2005; Fixson, 2005; Van Hoek and Chapman, 2006; Van Hoek and Chapman, 2007; Khan and Creazza, 2009; Pero *et al.*, 2010; Morita *et al.*, 2011; Nakano and Akikawa, 2014）。この点は、特に消費者嗜好の変化が速く、需要予測が困難な市場で、かつ小売業者、メーカーがともに変化にタイムリーに適応しなければならないような場合に当てはまる（Khan and Creazza, 2009）。

しかしながら、これまでのところ、どのような製品を開発するかということとサプライチェーンのどのようなプロセスを構築するかというテーマの間の整合性を図る包括的なフレームワークの存在は限定的である（Van Hoek and Chapman, 2006; Van Hoek and Chapman, 2007; Morita *et al.*, 2011; Nakano and Akikawa, 2014）。独自性のあるより付加価値の高い商品の導入は、大きな投資を伴うにもかかわらず需要規模はそれほど大きくない。将来の需要予測も難しく、予測誤差が大きくなる可能性は高い（Fisher, 1997; Chopra and Meindl, 2012）。以上のことから、次の仮説を提起する。

　　仮説 4.1：製品カテゴリーの付加価値が高まるほど、需要予測の精度は低
　　　　　　下する。

メーカーの主な懸念は、新商品の初期需要の過小評価や過大評価である（Christopher and Lee, 2004）。とりわけ、需要の過小評価は短期的な製造能力不足による商品供給不足が生じ、商品導入の失敗につながる可能性がある。このリスクに対応するため、製品開発において小売業者と協働することは、新商品導入の有効性を高める（Van Hoek and Chapman, 2007; Levy and Weitz, 2009）。以上のことから、次の仮説を提起する。

　　仮説 4.2：製品カテゴリーにおいて異なる協働レベルの引き上げは、需要
　　　　　　予測の精度を向上させる。

以上の仮説を、Part Ⅱのデジタルスチルカメラ市場における日仏サプライ

チェーン製販協働の成功事例分析を通じて、定性的かつ定量的に検証していく。

参 考 文 献

Aitken, J., Paul Childerhouse, P. and Towill, D. (2003), "The impact of product life cycle on supply chain strategy," *International Journal of Production Economics*, Vol. 85, No. 2, pp. 127-140.

網倉久永・新宅純二郎 (2011)『マネジメント・テキスト　経営戦略入門』日本経済新聞出版.

Andraski, J. C. (1999), "Supply chain collaboration," *Food Logistics Website*, available at: www.foodlogistics.com/collaboration.html（最終検索日：2012年9月1日）.

Arshinder, A.K. and Deshmukh, S.G. (2008), "Supply chain coordination: Perspectives, empirical studies and research directions," *International Journal of Production Economics*, Vol. 115, No. 2, pp. 316-335.

Aviv, Y. (2002), "Gaining benefits from joint forecast and replenishment processes: the case of auto-correlated demand," *Manufacturing and Service Operations Management*, Vol. 4, No.1, pp.55-74.

Aviv, Y. (2007), "On the Benefits of Collaborative Forecasting Partnerships between Retailers and Manufacturers," *Management Science*, Vol. 53, No. 5, pp. 777-794.

Barratt, M. (2004), "Understanding the meaning of collaboration in the supply chain," *Supply Chain Management: An International Journal*, Vol. 9, No. 1, pp. 30-42.

Barratt, M. and Oliveira, A. (2001), "Exploring the experiences of collaborative planning initiatives," *International Journal of Physical Distribution and Logistics Management*, Vol. 31, No.4, pp.266-289.

Beth, S., Burt, D. N., Copacino, W., Gopal, C., Lee, H. L., Lynch, R. P., Morris, S. and Kirby, J. (2003), "Supply chain challenges: Building relationships," *Harvard Business Review*, Vol. 81, No. 7, pp. 64-73.

Bitner, M. J. (1995), "Building service relationships: It's all about promises," *Journal of the Academy of Marketing Science*, Vol. 23, No. 4, pp. 246-251.

Bowersox, D. J. and Daugherty, P. J. (1995), "Logistics paradigms: The impact of information technology," *Journal of Business Logistics*, Vol. 16, No. 1, pp. 65-80.

Cachon, G. P., and Fisher, M. (2000), "Supply chain inventory management and the value of shared information," *Management Science*, Vol. 46, No. 8, pp. 1032-1048.

Cachon, G. P. and Lariviere, Martin, A. (2001), "Contracting to Assure Supply: How to Share Demand Forecasts in a Supply Chain," *Management Science*, Vol. 47, No. 5, pp. 629-646.

Chen, H., Daugherty, P.J., and Roath, A.S. (2009), "Defining and operationalizing supply chain process integration," *Journal of Business Logistics*, Vol. 30, No. 1, pp. 63-84.

Chopra, S. and Meindl, P. (2012), *Supply Chain Management*, fifth edition, Pearson Prentice Hall.

Christopher, M., Godsell, J. and Jüttner, U. (2005), "Transforming the supply chain into a demand chain," *Proceedings of the Annual Logistics Research Network Conference*, Plymouth, England.

Christopher, M. and Lee, H. (2004), "Mitigating supply chain risk through improved confidence," *International Journal of Physical Distribution and Logistics Management*, Vol. 34, No. 5, pp. 388-396.

Christopher, M. and Towill, D. R. (2002), "An integrated model for the design of agile supply chains," *International Journal of Physical Distribution & Logistics*, Vol. 31, No. 4, pp. 262-264.

Cohen, M. A., Terwiesch, C., Justin, R. Z. and Ho, T. H. (2005), "An empirical analysis of forecast sharing in the semiconductor equipment supply chain," *Management Science*, Vol. 51, No. 2, pp. 208-220.

Combs, L. (2004), "The right channel at the right time," *Industrial Management*, Vol. 46, No. 4, pp. 8-16.

Cooper, M. C. and Ellram, L. M. (1993), "Characteristics of supply chain management and the implications for purchasing and logistics strategy," *International Journal of Logistics Management*, Vol. 4, No. 2, pp. 13-24.

Das, A., Narasimhan, R. and Talluri, S. (2006), "Supplier integration: finding an optimal configuration," *Journal of Operations Management,* Vol. 24, No. 5, pp. 563-82.

Davis, T. (1993), "Effective supply chain management," *Sloan Management Review,* Vol. 34, No. 4, pp. 35-46.

De Boer, L. and Van der Wegen, L.L.M. (2003), "Practice and promise of formal supplier selection: a study of four empirical cases," *Journal of Purchasing & Supply Management,* Vol. 9, No. 3, pp. 109-118.

Devaraj, S., Krajewski, L., and Wei, J.C. (2007), "Impact of e-business technologies on operational performance: the role of production information in the supply chain," *Journal of Operations Management,* Vol. 25, No.6, pp.1199-1216.

Eksoz, C., and Mansouri, S.A. and Bourlakis, M. (2014), "Collaborative forecasting in the food supply chain: A conceptual framework," *International Journal of Production Economics,* Vol. 158, No.16, pp. 120-135.

Elkady, G., Moizer, J. and Liu, S. (2014), "A Decision Support Framework to Assess Grocery Retail Supply Chain Collaboration: A System Dynamics Modelling Approach," *International Journal of Innovation, Management and Technology,* " Vol. 5, No. 4, PP. 232-238.

Fisher, M. L. (1997), "What is the right supply chain for your products?," *Harvard Business Review,* Vol. 75, No. 2, pp. 105-116.

Fixson, S. K. (2005), "Product architecture assessment a tool to link product, process and supply chain decisions," *Journal of Operations Management,* Vol. 23 No. 3/4, pp. 345-369.

Flynn, B. B., Huo, B. and Zhao, X. (2010), "The impact of supply chain integration on performance: A contingency and configurational approach," *Journal of Operations Management,* Vol. 28, No. 1, pp. 58-71.

Forrester, J. W. (1958), " Industrial dynamics: A major breakthrough for decision makers," *Harvard Business Review,* Vol. 36, No.4, pp. 37-66.

Frohlich, M. T. (2002), "E-Integration in the supply chain: Barriers and performance," *Decision Sciences,* Vol. 33, No. 4, pp. 537-556.

Fu, H.P., Chu, K.K., Lin, S.W., and Chen, C.R. (2010), "A study on factors for retailers implementing CPFR - a fuzzy AHP analysis," *Journal of Systems*

Science and Systems Engineering, Vol. 19, No. 2, pp.192-209.

Germain, R., Claycomb, C., and Droge, C. (2008), "Supply chain variability, organisational structure,and performance: The moderating effect of demand unpredictability," *Journal of Operations Management,* Vol. 26, No. 5, pp. 557-570.

Germain, R., Iyer, K.N.S. (2006), "The interaction of internal and downstream integration and its association with performance," *Journal of Business Logistics,* Vol. 27, No.2, pp.29-53.

Golicic, S. L. and Mentzer, J. T. (2005), "Exploring the Drivers of Interorganizational Relationship Magnitude," *Journal of Business Logistics,* Vol. 26, No. 2, pp. 47-71.

Hayes, R. H. and Wheelwright, S. C. (1979), "The dynamics of process-product life cycles," *Harvard Business Review,* Vol. 57, No. 2, pp. 127-136.

Hudnurkar, M., Jakhar, S. and Rathod, U. (2014), "Factors affecting collaboration in supply chain: A literature Review," *Procedia - Social and Behavioral Sciences,* Vol. 133, pp.189-202.

Jüttner, U., Janet Godsell1, J. and Christopher, M. G. (2006), "Demand chain alignment competence - delivering value through product life cycle management," *Industrial Marketing Management,* Vol. 35, No. 8, pp.989-1001.

Ketokivi, M. and Choi, T. (2014), "Renaissance of case research as a scientific method," *Journal of Operations Management,* Vol. 32, pp. 232-240.

Khan, O. and Creazza, A. (2009), "Managing the product design-supply chain, interface," *International Journal of Physical Distribution and Logistics Management,* Vol. 39, No. 4, pp. 301-319.

Koloszyc, G. (1998) , Retailers, suppliers push joint sales forecasting, *STORES,* Vol. 80, No. 6, pp. 28-31.

Kulp, S.C., Lee, H. L. and Ofek, E. (2004), "Manufacturer Benefits from Information Integration with Retail Customers," *Management Science,* Vol. 50, No. 4, pp. 431-444.

La Londe, B. J. and Masters, J. M. (1994), "Emerging logistics strategies: Blueprints for the next century," *International Journal of Physical Distribution & Logistics Management,* Vol. 24, No. 7, pp. 35-47.

Lambert, D.M. and Cooper, M.C. (2000), "Issues in supply chain management,"

Industrial Marketing Management, Vol. 29, No. 1, pp. 65-83.

Lamming, R., Johnsen, T., Zheng, J. and Harland, C. (2000), "An initial classification of supply networks," *International Journal of Operations and Production Management*, Vol. 20, No. 6, pp. 675-691.

Lee, C. W., Kwon, G. I. and Severance, D. (2007), "Relationship between supply chain performance and degree of linkage among supplier, internal integration, and customer", *Supply Chain Management: An International Journal*, Vol. 12, No. 6, pp. 444-452.

Lee, H. L. (2002), "Aligning supply chain strategies with product uncertainties," *California Management Review*, Vol. 44, No. 3, pp. 105-119.

Lee, H. L., Padmanabhan, V. and Whang, S. (1997), "The bullwhip effect in supply chains," *Sloan Management Review*, Vol. 38, No. 3, pp. 93-102.

Lee, H. L., So, K. C., & Tang, C. S. (2000), "The value of information sharing in a two-level supply chain," *Management Science*, Vol. 46, No. 5, pp. 626-643.

Leenders, M. R., Fearon, H. E. and England, W. B. (1985), *Purchasing and Materials Management*, 8th edition, Irwin, Homewood, IL.

Levy, M. and Weitz, B. A. (2009), *Retailing Management*, seventh edition, McGraw Hill, New York, N.Y.

Matchette, J. and von Lewinski, H. (2006), "How to enable profitable growth and high performance," *Supply Chain Management Review*, Vol. 10, No. 4, pp. 49-54.

Matopoulos, A ., Vlachopoulou,M., Manthou, V., and Manos, B. (2007), "A conceptual framework for supply chain collaboration," *Supply Chain Management: An International Journal*, Vol. 12, No. 3, pp. 177-186.

McCarthy, T. M. and Golicic, S. L. (2002), "Implementing collaborative forecasting to improve supply chain performance," *International Journal of Physical Distribution and Logistics*, Vol. 32, No. 6, pp. 431-454.

Mentzer, J. T., Foggin, J. H. and Golicic, S. G. (2000), "Supply chain collaboration: enablers, impediments, and benefits," *Supply Cham Management Review*, Vol. 4, No. 4, pp. 52-58.

Montoya-Torres, J.R. and Ortiz-Vargas, D.A. (2014), "Collaboration and information sharing in dyadic supply chains: A literature review over the period 2000-2012,"*Estudios Gerenciales*, Vol. 30, No.133, pp. 343-354.

Morita, M., Flynn, E. J., Ochiai, S. (2011), "Strategic management cycle: The underlying process building aligned linkage among operations practices," *International Journal of Production Economics*, Vol. 133, No.2, pp. 530-540.

Nagashima, M., Wehrle, F.T., Kerbache, L., and Lassagne, M. (2015b), "Impacts of adaptive collaboration on demand forecasting accuracy of different product categories throughout the product life cycle," *Supply chain management: An international journal*, Vol.20, No.4, pp. 415-433.

中野幹久 (2010) 『サプライチェーン・プロセスの運営と変革——部門間の調整とパフォーマンスの関係』白桃書房.

Nakano,M., and Akikawa, T. (2014), "Literature review of empirical studies on SCM using the SSPP paradigm," *International Journal of Production Economics*, Vol. 153, No.11, pp. 35-45.

Nix, N. (2001), "Customer service in a supply chain management context," in Mentzer, J. T. (Ed.), *Supply Chain Management*, Sage Publications, Thousand Oaks, CA, Ch. 13, pp. 347-369.

Pagh, J. and Cooper, M. (1998), "Supply chain postponement and speculation strategy: How to choose the right strategy," *Journal of Business Logistics*, Vol. 19, No. 2, pp. 13-33.

Pero, M., Abdelkafi, N., Sianesi, A. and Blecker, T. (2010), "A framework for the alignment of new product development and supply chains," *Supply Chain Management: An International Journal*, Vol. 15, No. 2, pp. 115-128.

Power, D. (2005), "Supply chain management integration and implementation: a literature review," *Supply Chain Management: An International Journal*, Vol. 10, No. 4, pp. 252-263.

Raghunathan, S. (2001), "Information sharing in a supply chain: A note on its value when demand is non stationary," *Management Science*, Vol. 47, No. 4, pp. 605-610.

Ramanathan, U. (2013), "Aligning supply chain collaboration using Analytic Hierarchy Process," *Omega*, Vol. 41, No.2, pp.431-440.

Ramanathan, U. (2014), "Performance of supply chain collaboration: A simulation study," *Expert Systems with Applications*, Vol. 41, No.1, pp.210-220.

Ramasesh, R., Tirupati, D. and Vaitsos, C. A. (2010), "Modeling process-switching decisions under product life cycle uncertainty," *International Journal of Production Economics*, Vol. 126, No. 2, pp. 236-246.

Smaros, J. (2007), "Forecasting collaboration in the European grocery sector: observations from a case study," *Journal of Operations Management*, Vol. 25, No. 3, pp. 702-716.

Rogers, E. M. (1962), *Diffusion of Innovations*, Simon and Schuster. (青池愼一・宇野善康監訳 (1990) 『イノベーション普及学』産能大学出版部)

Sanders, N. R., & Premus, R. (2005), "Modelling the relationship between firm IT capability collaboration and performance," *Journal of Business Logistics*, Vol. 26, No. 1, pp. 1-23.

Sari, K. (2008), "On the benefits of CPFR and VMI: A comparative simulation study," *International Journal of Production Economics*, Vol. 113, No. 2, pp. 575-586.

Simatupang, T. M. and Sridharan, R. (2002), "The collaborative supply chain," *The International Journal of Logistics Management*, Vol. 13, No. 1, pp. 15-30.

Smeltzer, L. R. and Siferd, S. P. (1998), "Proactive supply management: The management of risk," *International Journal of Purchasing and Materials Management*, Vol. 34, No. 1, pp. 38-45.

Spekman, R. E., Salmond, D. J. and Lambe, J. C. (1997), "Consensus and Collaboration: Norm-regulated Behavior in Industrial Marketing Relationships," *European Journal of Marketing*, Vol. 31, No. 11-12, pp. 832-856.

Spekman, R. E., Kamauff Jr, J. W. and Myhr, N. (1998), "An empirical investigation into supply chain management: a perspective on partnerships," *Supply Chain Management*, Vol. 3, No. 2, pp. 53-67.

Stank, T. P., Daugherty, P. J. and Autry, C. W. (1999), "Collaborative planning: supporting automatic replenishment programs," *Supply Chain Management*, Vol. 4, No. 2, pp. 75-85.

Stank, T. P., Keller, S. B. and Daugherty, P. J. (2001a), "Supply chain collaboration and logistical service performance," *Journal of Business Logistics,* Vol. 22, No. 1, pp. 29-48.

Stank, T. P., Keller, S. B., and Closs, D. J. (2001b), "Performance benefits of supply chain integration," *Transportation Journal,* Vol. 41, No. 2, pp. 31-46.

Stanley, L. and Wisner, J. (2001), "Service quality along the supply chain implications for purchasing," *Journal of Operations Management,* Vol. 19, No. 3, pp. 287-306.

Stonebraker, P. W. and Liao, J. (2003), "Environmental turbulence, strategic orientation: Modeling supply chain Integration," *International Journal of Operations and Production Management,* Vol. 24, No. 10, pp. 1037-1054.

Subroto, R. and Sivakumar, K. (2010), "Innovation generation in upstream and downstream business relationships," *Journal of Business Research,* Vol. 63, No. 12, pp.1356-1363.

Thietart, R. A. and R. Vivas, R. (1984), "An empirical investigation of success strategies for businesses along the product life cycle," *Management Science,* Vol. 30, No. 12, pp. 1405-1423.

Ulrich, K. and Randall, T. (2001), "Product variety, supply chain structure and firm performance: Analysis of the US bicycle industry," *Management Science,* Vol. 47, No. 12, pp. 1588-1604.

Van der Vaart, T. and Van Donk, D. P. (2008), "A critical review of survey-based research in supply chain integration," *International Journal of Production Economics,* Vol. 111, No. 1, pp. 42-55.

Van Donk, D.P. and van der Vaart, T. (2004), "Business conditions, shared resources and integrative practices in the supply chain," *Journal of Purchasing & Supply Management,* Vol. 10, No. 3, pp.107-116.

Van Hoek, R. I. and Chapman,P. (2006), "From tinkering around the edge to enhancing revenue growth: supply chain-new product development," *Supply Chain Management: An International Journal,* Vol. 11, No. 5, pp. 385-389.

Van Hoek, R. I. and Chapman, P. (2007), "How to move supply chain beyond cleaning up after new product development," *Supply Chain Management: An*

International Journal, Vol. 12, No. 4, pp. 239-244.

Wang, W. Y. C., Chan, H.K., and He, H. (2012), "Environmental orientation and corporate performance: The mediation mechanism of green supply chain management and moderating effect of competitive intensity," *Industrial Marketing Management,* Vol. 41, No. 4, pp. 621-630.

Welker, G.A., van der Vaart, T., and van Donk, D.P. (2008), "The influence of business conditions on supply chain information sharing mechanisms: A study among supply chain links of SMEs," *International Journal of Production Economics,* Vol. 113, No. 2, pp. 706-720.

Wiengarten, F., Humphreys, P., Cao, G., Fynes, B., and McKittrick, A. (2010), "Collaborative supply chain practices and performance: exploring the key role of information quality," *Supply Chain Management: An International Journal,* Vol. 15, No. 6, pp. 463-473.

Wong, C.Y. and Boon-itt, S. (2008), "The influence of institutional norms and environmental uncertainty on supply chain integration in the Thai automotive industry," *International Journal of Production Economics,* Vol. 115, No. 2, pp. 400-410.

Wong, C. Y., Skipworth, H., Godsell, J., and Achimugu, N. (2012), "Towards a theory of supply chain alignment enablers : A systematic literature review," *Supply Chain Management: An International Journal,* Vol. 17, No. 4, pp. 419-437.

Yao, Y., Kohli, R., Sherer, S.A. and Cederlund, J. (2013), "Learning curves in collaborative planning, forecasting, and replenishment (CPFR) information systems: An empirical analysis from a mobile phone manufacturer," *Journal of Operations Management,* Vol. 31, No. 6, pp. 285-297.

Yin, R. K. (1994), *Case Study Research,* Sage, Thousand Oaks, CA. (近 藤 公 彦 訳 (1996)『ケース・スタディの方法』千倉書房)

Part Ⅱ

デジタルスチルカメラ市場における
日仏製販協働の事例

第4章

グローバル・サプライチェーンにおける新たな製販協働の枠組み
——適応的コラボレーション戦略——

　本章では、第3章で提示されたサプライチェーン協働の分析視点をもとに、協働を構成する各要素を実際のビジネスにおいて、どのように組み合わせて成果を創出しているのか、日本メーカー企業Xとフランス小売業者3社の成功事例研究を通じて検証する。そのうえで、製販協働を成功に導く概念的な枠組みを提示する。

1　は　じ　め　に

　本章は、どのようにしたらサプライチェーンにおける協働を成功に導くことができるかを、メーカーと小売業者との関係に焦点を当てて探ろうとしたものである。研究にあたっては、サプライチェーン・プロセス戦略を、商品の市場への着実な浸透とその需要の不確実性低減を通じた需要予測精度向上のためにどのような企業間の協働プロセスがありうるかという視点から分析している。

　一般的に、需要予測における製販協働は、予測精度を改善する最も効果的なビジネス慣行の1つと見なされてきた（Flynn *et al.*, 2010; Van der Vaart and Van Donk, 2008; Frohlich, 2002; Lee, 2002）。しかしながら、そうしたメリットがあるとはいえ、製販協働を実際に行動に移し成果を創出するのは至難の業である（Kumar and Banerjee, 2014; Beth *et al.*, 2003）。本章では、この需要予測の精度向上の課題の本質を、予測手法に関する技術的なものというより、むしろ製品の価値と顧客が求める価値の間のミスマッチによって需要の不確実性が拡大し、需要予測の精度が向上しないことにあるととらえる。こうしたミスマッチはサプライチェーン・プロセスにおける不適切な行動によって生じる

構造的な問題だということである。たとえば、ターゲットとする顧客層の需要に応えるため、製品には一定の製品価値が注入される。しかしながら、実際のビジネスの現場では、生産の稼働を上げるために、販売を増やせという本社からの指示で、ターゲットとは異なるセグメントの顧客に販売せざるを得ないことが多い。この場合、上記の販売データからは、理論的に推測されていたものとは異なる需要パターンが現れることになる。その結果、需要予測の精度は上がらず、在庫や欠品も増えていくという問題が発生する。

　本章の主たる貢献は、「適応的コラボレーション戦略」という適切なサプライチェーンの協働のための概念的な枠組みの提示であり、需要予測精度を高めるためにサプライチェーンにおける協働のレベルと製品価値とのミスマッチを減らすことを可能とする、一連の条件を明確にすることである。「適応的コラボレーション戦略」というこの概念は、需要の不確実性に関する3つの事例研究から導き出されたものである。この概念の下では製品ライフサイクル、小売業者の選択、製品カテゴリー、協働のレベルという4つの構成要素が強調される。これらの要素が規定する条件に基づくことで、企業は適切なタイプの協働を選択し、それにより需要の不確実性をよりよく管理することが可能になるのである。

2　事　例　研　究

　本節では、需要予測における製販協働の4つの構成要素を、実際にどのように組み合わせて成果を創出しているのかを明らかにするために、フランスのデジタルスチルカメラ市場における日本メーカー企業Xとフランス小売業者3社の協働の成功事例の記述・分析を行う。

2.1　市場背景とデータ
▶ フランスのデジタルスチルカメラ市場
　フランスのデジタルスチルカメラ市場における導入期にはキヤノン、コダック、ソニーといった数社が競合していた。その競争は激しく、さらに一般の顧客は希望する機能をもつ製品をできるだけ安く手に入れることを求めていたが、

カメラ好きの顧客は評判やブランドに基づいて購入する傾向が強かった。この段階においては、消費者の購入に際しての大事な基準は、解像度、デザイン、そして価格であった。激しい競争はメーカーへの価格圧力を高め、また、競争が激化するにつれ、市場への参入障壁は規模の経済や高度な技術などの要因へと移り変わり、極めて高くなっていった。こうした背景に加え、小売業者との関係構築は新規参入のメーカーにとって大きな課題であった。また、代替製品として、デジタルスチルカメラと同様のピクセル解像度を有するカメラ内蔵型携帯電話が脅威であった。

　EU の中でもフランスのデジタル家電市場は大きく、需要は 2003 年に大きく伸び、その後も成長を続けた。たとえば、デジタルスチルカメラの普及率は 2004 年にはほんの 21.5% であったが、2007 年になると年間 5 百万台のデジタルスチルカメラが売れ、普及率は一気に 56.9% に跳ね上がった（**表 4.1** 参照）。これらの期間（2004〜2007 年）は製品ライフサイクル[1] でいえば導入・成長段階に相当する。

表 4.1　2004〜2009 年におけるデジタルスチルカメラの需要変化（フランス市場）

需要	2004		2005		2006		2007		2008		2009	
	数量 千台	金額 百万€	数量 千台	金額 百万€	数量 千台	金額 百万€	数量 千台	金額 百万€	数量 千台	金額 百万€	数量 千台	金額 百万€
	4,000	1,139.9	4,600	1,219.0	4,630	1,169.9	5,000	1,160.1	5,130	1,031.2	5,088	870.4
普及率（%）	21.5		38.4		49.9		56.9		63.5		68.0	

（出所）GfK データ

▶ デジタルスチルカメラ・メーカーX

　企業 X は世界有数のエレクトロニクス・メーカーであり、国内外に 540 の子会社（2007 年時点）を有する（**図 4.1** 参照）。同社は企業 X の名前で幅広い製品を開発、製造、販売している。

　企業 X は 2003 年にフランスのデジタルスチルカメラ市場に参入した。参入当初の市場シェアは小さく、フランス市場において取るに足りないものであっ

---

1) ここでいう製品ライフサイクルの概念は、デジタルスチルカメラという特定の製品カテゴリーに対して適応されている。

図 4.1　企業 X の主活動の流れ

（出所）企業 X の HP をもとに著者作成

表 4.2　2005〜2009 年のブランド別のデジタルスチルカメラ台数市場シェア（フランス市場）

	2005	2006	2007	2008	2009
企業 X	1.8%	8.4%	14.6%	16.3%	17.3%
企業 C	16.1%	15.7%	11.4%	10.7%	11.9%
企業 S	12.9%	12.2%	12.8%	13.0%	11.8%
企業 N	12.0%	10.5%	9.8%	12.9%	13.6%

（出所）GfK データ

た。しかしながら、企業 X はその 4 年後 2007 年には、小売業者の F 社、B 社、A 社との協働を通じて、フランスでトップの市場シェア（台数ベースで 14.6%）を獲得するにいたった（**表 4.2** 参照）。

　またこの間、企業 X はパフォーマンスの改善を図った。欠品率は 1/5 に下がり、商品在庫の水準は 1/2 に低下した。筆者はこのプロセスの 5 年間（2005〜2009 年）について、時系列の調査を行った。これにより、製品ライフサイクルの（需要の不確実性が高い）商品導入段階から（需要の不確実性が低い）成熟段階にいたるまでの実態を観察することが可能となった。

　企業 X が参入した当初、市場全体が急速に拡大していたため、小売業者はデジタルスチルカメラの供給不足という問題に直面していた。これを解決するために、多くの小売業者は、新たにメーカーとパートナーになることを望んでいたのである。こうした環境下、市場シェアを獲得するには、比較優位性の高い技術を備えた製品の導入のみならず、顧客が欲しい時に欲しい商品を届けることができる信頼性の高いサプライチェーンを構築することが必要であった。

　商品としても、持ち運びやすいコンパクトサイズながら、それまで一眼レフでしか実現できなかったハイズーム（高倍率）・広角（広い範囲で撮影ができる）の撮影ができる付加価値の高い業界初のモデルを、カメラ好きな顧客をターゲットに導入しようと計画していた。当時の企業Xのデジタルスチルカメラのグローバルな生産体制は次のようなものであった。本社は日本、レンズ工場が日本に一拠点、そして組立工場が二拠点（エントリー・カテゴリーが中国、高級〜中級カテゴリーが日本）あった。

▶ サプライチェーンの課題

　企業Xはカメラ好きなターゲット顧客のニーズに最も適合したかたちで、パートナーとなる小売業者とサプライチェーン戦略を構築していく必要があったが、同社はいくつかの障壁に直面した。

　企業Xは生産稼働率を最大化させるため、長期間にわたって小売業者からの注文量を平準化したかったのだが、他方で小売業者は最終消費者の需要の変動に合わせたフレキシブルな商品供給を要求していた。こうした両者の相反する要望をともに満たすようなサプライチェーン・システムを構築するため、メーカー・小売業者間の調整は何度も繰り返されることとなった。また、サプライチェーンに含まれるすべての当事者が、サプライチェーンが成功するかどうかはそれぞれの段階ではなく、川上から川下にいたるまでの全体の収益で測るべきであることを理解する必要があった。サプライチェーンのシステムは、理想的には高い精度の需要予測と在庫管理によって、双方にとって高い収益性をもたらすのであるが、その実現には両社のシステムの調整と、異なる企業文化の相互理解のために大きな投資を必要とした。

　さらにデジタルスチルカメラ市場が急速に拡大する中、顧客のニーズも二極分化していった。ある顧客層は、価格を求める一方で、カメラの本質的な出来栄えにこだわる顧客層も存在した。その両方ニーズに答えようと製品種類を増加させたことが、企業Xと小売業者Fの間の需要予測をより複雑なものにした。また、デジタルスチルカメラのライフサイクルも1年程度と短くなっていたため、毎年、新製品を導入していかなければならなかった。デジタルスチルカメラは、1,000を超える部品とその主要な部品が3か月から6か月程度の長

い購買リードタイム[2]を必要としたため、その縛りの中で行う需要予測の難易度は高かった。たとえば、ある半導体チップの購買リードタイムは6か月であるため、購買グループは商品を市場導入する3月の時点（市場での販売実績も出ていない時点）で、先行6か月（3月から8月の累計）の半導体チップの販売計画をサプライヤーに提示する必要があり、その時点で新商品も同様にモデル別の需要予測をすることを余儀なくされていた。

　他方、小売業者も商品の価格、入手のタイミング、品質、機能といったターゲット顧客の優先事項に基づいて店舗における競争戦略を決めていく必要があった。しかしながら、競争戦略とサプライチェーン戦略とが整合性がとれていなければ、メーカーと小売業者双方の機能の間で対立が起こることになる。このように、企業Xは、小売業者とのサプライチェーン協働を実践するにあたり、難しい舵取りが要求されたのである。

2.2　小売業者のポジショニング

　図4.2はフランス市場において家電製品を販売する小売業者のポジショニン

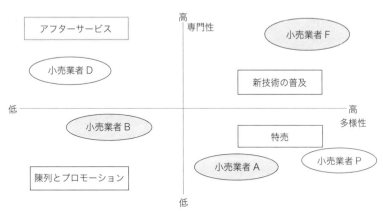

図4.2　フランスのデジタル家電製品販売小売業者の知覚マップ
（出所）フランス小売業者（F社、B社、A社）の社長へのインタビューをもとに著者作成

2）購買リードタイムとは、企業Xが部品サプライヤーに発注し、部品サプライヤーから企業Xに納品されるまでの時間のことである。
3）知覚マップとは、顧客が認識している各企業に対するイメージをマップ上に2軸でまとめたものである。

グを表す知覚マップ[3]である。マップ上の2つの次元である、提供するサービスの多様性および専門性は、フランスの消費者が家電製品を販売する小売業者についてのイメージを形作る主たる2つの特徴を表している。企業Xのパートナーとなる小売業者3社（F社、B社、A社）はいずれも異なるポジショニングで、互いに差別化を図っている。

2.3　小売業者F

　小売業者Fは、本事例における企業Xの最初の協働パートナーである。年間1億5千万人の店舗訪問者がある大都市立地ショールーム型の大手家電量販店（2010年当時フランスに81店舗）であり、販売員の質の高いアドバイスを通じて、革新的な新しい技術の紹介・普及を促進することができる小売業者である。文化的商品（書籍、CD、コンサートチケット等）も取り扱っている。同社は商品ラボ（製品評価実験室）をもっており、店舗販売する商品について、性能、使いやすさ、それにコストパフォーマンスの観点で評価している。商品は商品ラボにてテストされる4つ星システムによって評価され、その結果はすべて「小売業者Fカタログ」で公表されている。同社の店舗販売員は、「小売業者Fカタログ」を使って顧客に合った個別の情報やアドバイスを提供するように訓練を受けている。小売業者Fのターゲット顧客のプロファイルは、商品が満足のいくものであればプレミアム価格を支払ってもよいと考える、イノベーターあるいはアーリーアダプタータイプである。小売業者Fは心地のよい店内環境、専門性の高いサービス、革新的商品の幅広い品揃えによって顧客を惹きつけている。

　この小売業者Fとの協働事例は3つのフェーズに分けられる。最初のフェーズは協働の開始前（2005年5月以前）、第2のフェーズはサプライチェーンの協働の最初の段階で、CRPが実施された時（2005年5月から2007年3月）、第3のフェーズは協働の第2段階で、CPFRが実施された時（2007年4月から2008年3月）である。

▶ 当初の状況（2005年5月以前）

　企業Xと小売業者Fが協働を開始する以前、デジタルスチルカメラ市場で

は製品ライフサイクルがますます短縮化し、それに伴う需要の不確実性が拡大するという共通の課題を抱えていた。さらに、企業 X にとっての主要な部品の購買リードタイムが 6 か月と長く、それに合わせて、新商品そのものの需要も同様に 6 か月先のモデル別の予測をすることを余儀なくされていた。その結果、企業 X は欠品状態や過剰在庫を抱える状態に陥りやすかった。一方、小売業者 F の側でも補充プロセスに問題を抱えていた。小売業者 F の各店舗による企業 X 製デジタルスチルカメラの補充リードタイム[4]は、2004 年末で 23 日であった。このリードタイムの背景には、発注から配送までの標準的なプロセスやルールといったものが存在せず、その結果、店舗は在庫が底をつきそうになると発注をかけるといった都度対応をとっていたため、メーカー在庫がなければ、納品までに時間がかかってしまうという悪循環があった。こうした状況が続いていた結果、小売業者 F の在庫水準は 54 日、欠品率は 10％といずれも高い水準にあった。すなわち、売れ筋商品は欠品しがちで、そうでない商品は過剰在庫気味であった。高い在庫水準は、小売業者 F の経営を圧迫し、高い欠品率は、小売業者 F の得意顧客の不満をあおることになった。顧客満足を重視する小売業者 F にとって、顧客が欲しい商品を欲しい時に届けるサプライチェーンの仕組み構築が急務であった。

▶ CRP の導入（2005 年 5 月〜2007 年 3 月）

　顧客満足を重視する小売業者 F と企業 X はともに、前述のような状況を長く続けられないとの認識と危機感を抱いていた。このため企業 X と小売業者 F との間で協働をスタートするためのプロジェクトが立ち上げられた。プロジェクトの最初のステップは、企業 X と小売業者 F が実需ベースにおける実際の店舗別販売実績と在庫のデータを共有可能にするプロセスの構築であった。こうした背景の中で、CRP が 2005 年 5 月に導入された。小売業者 F の主たる目標は、売れ筋商品の安定供給（欠品ゼロ化）とともに、在庫レベルを適正化することであった。採用された新たな補充プロセスは、EDI[5]による企業間の商取引システムを構築したうえで、供給頻度を週 1 回ベース（それに伴い需要

4）補充リードタイムとは、小売業者がメーカーに発注し、発注された商品がメーカーから小売業者に納品されるまでの時間のことである。

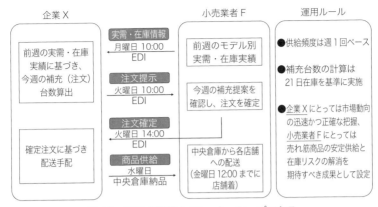

図 4.3　CRP の週次オペレーション・プロセス

（出所）インタビューに基づき著者作成

予測も週次ベース）とし、基準在庫を 21 日としたうえで、次のように設計されていた（**図 4.3** 参照）。

① 　毎週月曜日の午前 10 時に、小売業者 F が前週のモデル別の実需・在庫実績をもとに、先行 2 か月分の現実的な週次需要予測数量を企業 X の大手量販マネージャーと共同で作成、その需要の流れに沿って作成した先行 4 か月分の週次需要予測とともに、企業 X に送付。

② 　毎週火曜日の午前 10 時に、企業 X が小売業者 F に事前合意済みの 21 日基準在庫方針に基づいて今週 1 週間の店舗販売のための補充提案書を送付。

③ 　同日の午後 2 時に、小売業者 F が企業 X に確定注文を通知するが、これが最終の補充台数を確定するものになる。

④ 　毎週水曜日に（毎週パリに航空輸送される製品は、到着次第、企業 X のフランス倉庫に入り、小売業者 F の確定注文に基づき）、企業 X は製品を小売業者 F の中央倉庫宛に発送。

⑤ 　毎週木曜日に、小売業者 F の中央倉庫は、金曜日に各店舗に配送されるように製品を発送。

5）EDI とは、「electronic data interchange」の略で「電子データ交換」を意味する。主に BtoB で利用されているシステムで、受発注や請求、支払いなどの情報を電子化して、専用回線やインターネット回線で通信する。

　このように週次ベース（7日）で補充を行うプロセスの採用により、小売業者 F の 23 日という以前の補充リードタイムは 7 日に短縮することができた。平均在庫水準も、以前の 1/2 に減らしつつ、販売は 2006 年 3 月末までに 2 倍になった。サプライチェーンの好循環が形成されたのである。欠品の減少は、需要が過剰に変動する機会を削減し、需要予測の向上、ひいては在庫レベルの減少につながった。しかしながら、過去の売上データがない新製品については、依然として精度の低い予測となっており、新製品の欠品率は既存製品の 2 倍に達した。このような欠品が繰り返し発生することは、ロイヤリティが高い顧客層が中心を占める小売業者 F にとっては受け入れられないことであり、企業 X と小売業者 F はより正確な需要予測、とりわけ新製品の正確な需要予測を通じて欠品を減らすことができるよう、両者のさらなる協働の強化を決定した。

▶ CPFR の実施（2007 年 4 月〜2008 年 3 月）

　両者は CPFR の年間計画の全体枠組みを構築し、2007 年 4 月にそれを実行に移した。補充部分の CPR は上記の通りすでに導入済みだったので、ここでは協働的な商品・販売計画と協働予測について焦点を当てて記述する。

　2007 年 5 月、次年度の協働的な商品・販売計画を設定するために、企業 X は小売業者 F のバイヤー幹部を日本の自社研究開発センターへ招待、極秘情報である次年度の商品開発計画について情報を開示し、バイヤーとしての評価や改善点などの情報を入手した。その後、この訪問は少なくとも四半期に一度繰り返された。これは企業 X が小売業者に対して将来の商品開発計画という極秘情報開示を行う機会であり、2005 年から続く協働の結果生み出された相互信頼の賜物であった。さらに、企業 X と小売業者 F は、小売業者 F の主要顧客層をランダムに集めてフォーカスグループインタビュー[6] を行い、デジタルスチルカメラに関する共同調査を行った。この調査で、企業 X の次の製品モデルの技術的特徴やデザインに影響を及ぼすような貴重な情報を得ることができた。全体としてこれらの協働行動は、新製品の開発プロセスを改善するこ

6）フォーカスグループインタビューとは、複数の調査対象者を 1 か所に集め、座談会形式で特定のテーマについて話し合う定性調査手法のことである。

とにつながり、付加価値の高い新しい商品の導入〜成長段階での高い需要不確実性のレベルを低減することに役立った。企業Xは、フランスにおける顧客情報に関して、小売業者Fから様々な知見を伝授されたが、その一方で、中長期の新製品開発計画を小売業者Fと共有し、F社と忌憚なき意見交換を行った。小売業者Fのバイヤーと企業Xの製品開発・マーケティング間のこうした対話の蓄積が、小売業者Fの顧客ニーズを満たす商品・販売活動につながり、企業Xの商品価値を高めていくことを可能にした。同時に、商品を4つ星システムで評価する小売業者Fの商品ラボを企業X技術設計部門の技術者が頻繁に訪問、顧客に近い立場にある商品ラボの評価結果について意見交換を行い、そこでの指摘事項を製品の改善につなげていった。こうした2つのアプローチを通じた対話が、顧客ニーズを満たした企業X商品の優位性を強化することに役立ったのである（図4.4参照）。

最後に、企業Xと小売業者Fの協働予測に関する説明を行う。企業Xと小売業者Fは過去の実需データ、季節性、新モデルの評価や導入キャンペーンのタイミングなどを加味しながら共同で年間ベースの月別販売（実需ベース）目標を設定し、これに基づき、先行2か月分の週次需要予測を行った。実際の

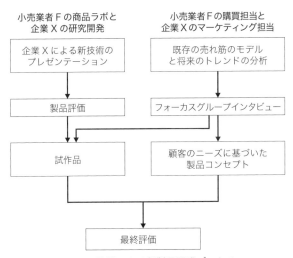

図4.4　協働による新製品開発プロセス

（出所）インタビューに基づき著者作成

実需データが入手されると、週ごとに予測と実際の実需の差異について確認し、その差異数量と理由分析を踏まえて、最終生産台数を調整、確定していった。できるだけ正確を期すため、予測は店舗レベルで行い、それらを合計した。予測を歪める要因に対応するため、企業Xの側では広告キャンペーンを、小売業者Fの側では店舗フロアでのプロモーション活動を同時に行うこととした。こうしたマーケティング活動の同期化もまた両者にとって初めてのことだった。小売業者Fは、従来、自社以外のサプライチェーンに与える影響を考慮することなくプロモーション活動についての独自の決定をしてきたからである。

　企業Xと小売業者Fの間の協働のパフォーマンスを評価するための指標はいくつかあるが、それらをまとめたものが**表4.3**である。

　星の数は小売業者Fの商品ラボによる企業Xの製品の検証結果に対応しており、企業Xの製品について確実な良化傾向が見られる。すでに述べた協働のことを考えると、これらの数値にはバイアスがあるという指摘もあるかもしれない。とはいえ、小売業者Fは多くのブランドを取り扱っており、概してその評価の信頼性は高い。自社の商品ラボの信頼性高い測定結果に基づいているため、同社が偏った評価結果を発行するリスクをとるとは考えにくい。つまり、単純に企業Xが小売業者Fの評価基準に合う製品を開発・導入したと考えることができる。

表4.3　企業Xと小売業者FのCPFRのパフォーマンス推移

		2005		2006		2007	
		前期	後期	前期	後期	前期	後期
星の数	4つ星	3	3	6	3	5	7
	3つ星	1	–	–	–	–	–
在庫日数		48.0	37.2	19.5	22.6	16.0	22.3
欠品率（％）		8.0	5.4	11.0	5.4	2.1	1.4
補充リードタイム（日）		16.0	13.0	10.3	6.7	4.0	4.0
台数市場シェア（％）		1.8	1.8	5.5	9.9	14.6	14.7

（出所）小売業者FのデータおよびGfK

　注）台数市場シェア（％）は、フランス市場全体における企業Xのデジタルスチルカメラの台数シェア（％）を示す

表 4.4　製品カテゴリー別の需要予測精度（誤差率）

製品カテゴリー	価格セグメント (€)	需要予測精度（誤差率）			
		2005	2006	2007	2008
デジタル一眼レフ	400〜	-	-	62.1%	48.9%
ハイズーム	249〜399	25.6%	8.5%	10.2%	3.1%
スタイリッシュ	149〜299	33.7%	31.7%	8.6%	5.6%
エントリー	〜149	49.2%	11.4%	54.8%	-
合計		31.6%	19.2%	2.0%	2.6%

（出所）小売業者 F データ

2005〜2008 年の需要予測精度の向上は CPFR の目的の 1 つでもあり、もう 1 つの興味深い指標である。その評価のため、本書では幅広い製品カテゴリー（エントリー、スタイリッシュ、ハイズーム、デジタル一眼レフ）について、式 (4.1) のごとく平均絶対誤差率（mean absolute percentage error: MAPE）の計算を行った。

$$\text{MAPE} = \frac{\Sigma \mid 需要予測 - 実際の需要 \mid}{\Sigma 実際の需要} \tag{4.1}$$

表 4.4 に見られる需要予測の精度向上は、製品開発から販売にいたる幅広い協働により、導入期の需要の不確実性が高い段階においてさえ、市場を読めるようになってきたことを表している。協働を通じ両者が互いに学び会うことで、市場、とりわけ新製品開発の文脈においてその知見を豊かなものにすることができたのである（Suwannaporn & Speece, 1998; Hughes & Chafin, 1996; Cooper & Ellram, 1993）。このように、需要の不確実性低減を通じた需要予測の精度向上に両社の協働が大きな意義をもった。

2.4　小売業者 B

次の事例は小売業者 B である。大手家電量販店の小売業者 B は、豊富な品揃えの家電製品を取り揃え、家具も取り扱っている。小売業者 B はフランスに 76 店舗（2010 年当時）を展開し、多数の商品陳列とカタログ宣伝による割

引セールで来客を促すといった方法で店舗運営をしている。同社店舗は、基本的には大都市の郊外に立地し、大型駐車場を備えており、郊外立地倉庫型の大手家電量販店といえる。各店の販売員は、最低限の専門的サービス（中程度の専門性）を提供するために商品の機能に関する技術情報を顧客に提供するための研修を受けている。小売業者 B の顧客プロファイルは、郊外に住むミドルクラスの小さな子供のいるニューファミリー（夫婦共働き）に代表されている。いわゆる製品ライフサイクル中期のコストパフォーマンスの高い流行商品を好んで購入する顧客層（アーリーマジョリティ）である。そのため、小売業者 B は割引セールと流行商品の豊富な品揃えによって顧客を惹きつけている。また、アフターサービスを通じて、顧客満足を獲得することにより、他店との差別化を図っている。

▶ 当初の状況（2008 年 4 月以前）

　企業 X は、2007 年に小売業者 B に製品を販売し始めた。なぜなら、2007 年に入り、デジタルスチルカメラの普及率は 50％を超え、次の 2 つの現象が見えてきたためである。1 つ目は、大都市郊外に住んでいるミドルクラスの需要の急増、2 つ目は、ファッションとしての個人所有のニーズを反映したカラー・バリエーションの需要の増加である。

　小売業者 B の店舗は郊外の好立地に展開しており、スペースも非常に大きく、十分な棚スペースを有していた。郊外に住んでいるミドルクラスに対してカラー・バリエーションを中心に幅広い種類の商品を陳列できたので、上記 2 つの現象に対応していくには適切なパートナーであった。しかし、すぐに 2 つの問題があることが明らかになった。1 つ目は、小売業者 B は数多くのモデルを扱っているため、そのすべてに対して、きめ細かい在庫管理が行き届いておらず、デジタルスチルカメラ全体として、極めて高い在庫水準（2005 年には 65 日分）だったことである。2 つ目は、その一方で、企業 X の売れ筋モデルの欠品がしばしば起きており、欠品率は 15％にもなっていたことである。

　企業 X は小売業者 B との取引拡大を図りたかったが、両者間のコミュニケーションは希薄であった。市場が比較的安定しても小売業者 B の需要予測がうまくできていなかったため、企業 X への発注量の変動は激しかった。企業 X

にとって小売業者Bの販売は先が読みづらかった。また小売業者Bの販売促進に関する行動計画も企業Xと常に共有されていたわけではなかった。小売業者Bの在庫水準の高さと売れ筋商品の欠品率の高さはこうした問題が原因であった。

▶ CPFRの導入（2008年4月〜2010年3月）

　小売業者Bとの協働を開始する決定は2008年の1月に行われた。この時採用されたのは、すでに2005年に小売企業Fに導入されていたCRPに基づいた需要予測および補充のプロセスだった。毎週、小売業者Bは前週のモデル別の実需・在庫実績をもとに、先行2か月分の現実的な週次需要予測数量を企業Xの大手量販マネージャーと共同で作成、その需要の流れに沿って作成した先行4か月分の週次需要予測とともに、企業Xに送付した。企業Xはこうしたデータにより、どの部分で予定していた目標に届かなかったのかを知ることができ、目標未達になりそうな時はその根本原因を特定するための調整・検討をすることができた。また、企業Xと小売業者Bはどのように商品展示や販売促進をするかについて、定期的に話し合い、それを実践した。CPFRの「計画」における共同商品開発の部分についても、当初は、実施する方向で調整したものの、小売業者Bの側の関心と商品企画を推進する組織能力が不足していたため、うまくいかず、最終的には、ほとんど行われなかった。

　この協働でも**表4.5**が示すように大きな改善があった。需要予測の精度が大きく向上したので、欠品や在庫も削減された。何より、拡大するB社ターゲット顧客の市場に対して、効果的にメーカーと小売業者の販売促進活動を同期させることで、2009年には、販売台数が大きく伸びた。採用したCPFRの「計

表4.5　小売業者Bとのパフォーマンスの結果

	2005	2006	2007	2008	2009
需要予測精度（誤差率）（%）	31	41.1	7.8	1.7	0.9
欠品率（%）	15	15.7	7.8	2.7	1.9
在庫日数	65	69	49	44	42
販売台数	7,246	33,935	48,817	51,135	67,592

（出所）小売業者Bデータ

画」部分は、実施されなかったが、拡大している郊外に住んでいるミドルクラスの需要増加とカラー・バリエーション需要の増加をうまく取り込める小売業者Bと効果的な店内の商品展示や共同販売促進を実践し、結果として、F社との協働ほど手間をかけずに、効率的にパフォーマンスの改善につなげることができた。

2.5　小売業者A

　最後の事例は、小売業者Aである。小売業者Aはハイパーストア[7]の小売りチェーンである。フランスに121店舗（2010年当時）展開、食品、デジタル家電製品、衣服等の幅広い品揃えの販売をしている。この小売業者はカタログでの製品の割引販売を提供しており、売上の約半分はこの特売品が占めている。これらのカタログは毎週約8百万部が配布される。小売業者Aが注力するのは、コモディティ製品の大量販売である。通常、ハイパーストアのデジタル家電製品売り場では、店内の販売員を配置していないが、このA社だけは、店内の販売員を配置、製品の基本的な情報を顧客に伝えていた（ただし、専門性は低い）。このことから、A社は、ハイパーの量販店とも呼ばれていた。小売業者Aの顧客プロファイルは、新しいものには懐疑的だが周囲の大多数が使用している製品をバーゲン価格で購入する、価格に敏感な層（レイトマジョリティ）である。彼らが購買上で最も重視している基準は価格である。A社における製品サイクルの終わりに近い優良な製品のバーゲン価格は、食品や衣料などの身の回り品も同時に買えるワンストップ・ショッピングの便利さと合わせて、ターゲット顧客にとって大きな魅力になっている。同社の強みは、競争力のある価格提供とそれを訴求する毎週約8百万部の大規模カタログの定期配送によって支えられている。

▶当初の状況（2008年4月以前）

　小売業者Aが直面していた最大の課題は、需要予測がうまく行かないこと

7）ハイパーストアとは、大都市郊外に位置し、大きな駐車場を有するセルフサービスの、面積 2,500m^2 以上の店舗のことである。

による、デジタルスチルカメラの非常に高い在庫水準（2005年で70日分）だった。その一方で、小売業者B同様、企業Xの売れ筋モデルを中心に欠品率は13％にも上がっていた。企業Xと小売業者Aとの間のコミュニケーションもうまくとれておらず、こうした課題の原因となっていた。

▶ CPFRに向けた準備（2008年4月〜2009年3月）

　2008年、普及率は60％を超え、企業Xは市場参入以来初めて平均単価の2桁以上の下落に直面した。2007年と2008年の間に平均単価は13％近く下落した。この価格下落と市場の60％を超える普及率は、製品ライフサイクルの成長段階の終了と、デジタルスチルカメラのコモディティ化の前兆を示していた。需要そのものは安定的（前年比103％の台数成長）で予測可能であったが、価格の下落圧力は徐々に厳しさを増していた。

　こうした中、企業Xは価格競争に打ち勝ち、エントリー・カテゴリーのカメラの大量販売という条件に合うパートナーの小売業者を探していた。そしてCPFRを導入するために小売業者Aとの協働の提携を進めたのである。

▶ CPFRの実施（2009年4月〜2010年3月）

　小売業者Bとの限定的なCPFR展開の経験（CPFRのすべての活動を展開しようとしても、小売業者のタイプや組織能力に適合していない場合は機能しない）や、小売業者Aの主な関心が在庫削減とカタログ用の特売品確保にあったので、企業Xとしては広範な協働を構築することは必要ないと考えた。すでに小売業者FやBで導入されていたCRPを補充中心に小売業者Aでも導入した。

　この協働でも表4.6が示すように、CPFRをスタートした2009年には、大きな改善があった。特に需要予測の精度が大きく向上したので、欠品、在庫と両項目とも削減された。同時に、拡大するA社ターゲット顧客の価格に敏感な層に対して、少し古い世代のエントリー・モデルのカタログ特売などを展開させることで、あまり手間をかけずに販売台数を伸ばすことができた。

表 4.6　小売業者 A とのパフォーマンスの結果

	2005	2006	2007	2008	2009
需要予測精度（誤差率）（％）	10.5	28.5	16.5	18.6	1.3
欠品率（％）	13	19	14	16	2.5
在庫日数	70	82	74	75	49
販売台数	2,235	27,959	35,936	49,163	55,747

（出所）小売業者 A データ

2.6　事例のまとめ

　以上、本章ではデジタルスチルカメラのフランス市場における企業Ｘと3社の小売業者とのCPFRを軸とする協働について述べてきた。以下、フランス市場の新規参入者である企業Ｘがこの3社をパートナーとして選んだ背景を確認しておく。

　企業Ｘが、デジタルスチルカメラの初期の協働パートナーとして小売業者Ｆを選んだ主な理由は、同社が質と量の両面で売上を伸ばしていける唯一の高度に専門化したディーラーだったためである。質の面では、「小売業者Ｆカタログ」に定義されている4つ星のマークが消費者の購買プロセスに非常に大きな影響を与えていた。量の面では、小売業者Ｆの市場シェアはフランスにおけるデジタルスチルカメラ市場最大の25％を占めていた。企業Ｘは小売業者Ｆと協働することで、付加価値の高い企業Ｘの新しい商品が、新しもの好きのイノベーターやアーリーアダプターといったターゲット顧客に、どれだけ受け入れられるかという、高い需要不確実性を低減できると考えた。さらに、企業Ｘの戦略は、業界最高画質、独自性の高い商品をもとに一流のカメラブランドをめざすことであったが、これは小売業者Ｆ自身の小売業界においてハイテク商品販売に圧倒的強みをめざす戦略とも高付加価値の創造という意味で合致した。

　企業Ｘが小売業者Ｂをデジタルスチルカメラの2番目の協働パートナーに選んだ主な理由は、同社が2007年に発生した市場変化に対応する適切な流通チャネルになると考えたからである。当時、デジタルスチルカメラの普及率は50％を超え、市場としても、コストパフォーマンスの高い流行商品を好む大都市郊外在住のミドルクラスの需要の急増とファッションとしての個人所有の

ニーズを反映したカラー・バリエーションの需要の増加が見られた。この現象は、企業 X のデジタルスチルカメラを購入する顧客層が、徐々にイノベーターやアーリーアダプターから、コストパフォーマンスの高い流行商品を好む層のアーリーマジョリティにシフトしつつあることを示しており、専門性が中程度の小売業者 B のプロファイルに合うものであった。企業 X は、小売業者 B と協働することで、このような市場ニーズの多様化に対する需要不確実性を低減できると考えた。企業 X の商品は、依然競争力が高く、競合品との付加価値のギャップは大きかった。

　小売業者 B との協働を進める中、2008 年には、デジタルスチルカメラ市場にさらに大きな変化が発生した。需要規模は、前年比台数ベースでは緩やかに成長（プラス 3%）を継続していたが、平均単価が、企業 X の市場参入以来、初めて前年に比して 2 桁下がる（マイナス 13%）という現象に直面した。デジタルスチルカメラを購入する顧客にとって、価格が非常に重要な要素になりつつあり、各社の価格競争に拍車がかかり始めたのである。市場の普及率が 60% を超える（63%）中で起きたこの現象は、企業 X のデジタルスチルカメラを購入する顧客層が、徐々にアーリーマジョリティから、新しいものには懐疑的だが、周囲の大多数が使用している製品をバーゲン価格で購入する層のレイトマジョリティにシフトしつつあることを示していた。さらに、企業 X の商品も、他社が同等の新製品を導入し始める中で、競合品との付加価値のギャップも次第に小さくなりつつあり、コモディティ化の前兆を現していた。企業 X が小売業者 A をデジタルスチルカメラの 3 番目の協働パートナーに選んだ主な理由は、同社が価格競争の要件を満たすことができ、また 2008 年以降も市場でナンバーワンの地位を継続的に確保するために必要なエントリー・カテゴリーの大量販売ができる小売業者だったからである。企業 X は、小売業者 A と協働することで、専門性は低いものの、このような低価格化に対する需要不確実性を低減できると考えた。

　表 4.7 には小売業者別のパフォーマンス成果の年別推移の要約が示されている。この結果によれば、異なる小売業者のパートナーごとに協働レベルを適応させることで、需要予測精度を高めることが可能であることを示している。これらの数値は、コモディティ化した成熟期ででは 1〜2% 前後となり、Fisher

表 4.7　小売業者別、年別のパフォーマンスの結果についての推移の要約

製品ライフサイクル	導入末期〜成長初期			成長中期〜末期	成熟期
小売業者 F	2005	2006	2007	2008	2009
協働レベル	低	低	高	高	高
需要予測精度（誤差率）（%）	31.6	19.2	2	2.6	0.3
欠品率（%）	6.7	8.2	1.8	2.5	1.5
在庫日数	43	22	19	21	21
販売台数	42,854	142,394	185,652	175,382	200,684
4 つ星評価モデル数	3	6	7	6	6
小売業者 B	2005	2006	2007	2008	2009
協働レベル	無	無	無	中	中
需要予測精度（誤差率）（%）	31	41.1	7.8	1.7	0.9
欠品率（%）	15	15.7	7.8	2.7	1.9
在庫日数	65	69	49	44	42
販売台数	7,246	33,935	48,817	51,135	67,592
小売業者 A	2005	2006	2007	2008	2009
協働レベル	無	無	無	無	低
需要予測精度（誤差率）（%）	10.5	28.5	16.5	18.6	1.3
欠品率（%）	13	19	14	16	2.5
在庫日数	70	82	74	75	49
販売台数	2,235	27,959	35,936	49,163	55,747
企業 X の台数市場シェア（%）	1.8	8.4	14.6	16.3	17.3

（出所）小売業者 F・小売業者 B・小売業者 A のデータおよび GfK をもとに著者作成

（1997）が観察した商品の不確実性の低いカテゴリーにおける平均予測誤差率 10％よりはるかに正確である（表 2.1「需要不確実性とその他の属性との相関関係」を参照）。需要予測精度が高まることで、SCM のマネージャーは在庫・欠品状況や販売の改善も可能となる。

　企業 X は商品導入期における第一歩として既存の補充システムを改善するため、最初に小売業者 F との協働をスタートした。その結果、パフォーマンスの向上が見られたため、さらに協働を進めることとした。協働の次の段階における両社の主たる関心事項は、これまでにない革新的な技術を伴う新商品の導入を検討する中で、最大の課題であった価格（当時の市場平均単価の約 2 倍）が市場に受け入れられるかどうかであった。この需要の不確実性を低減させる

ためには、補充のみならず、製品開発（商品価値に対するターゲット顧客の評価）や販売促進（商品価値のターゲット顧客への効果的な訴求）を含む高度の協働が必要とされた。

　最初のフェーズでの小売業者Fとの協働を経験することにより、そのいくつかの内容を小売業者Bおよび小売業者Aとの協働でもより効果的に適用することができた。企業Xは小売業者Bとは中度の協働レベルで予測に関する問題解決に、また小売業者Aとは低度の協働レベルで補充プログラムに関する問題解決に取り組んだ。これら問題解決は、メーカーXと小売業者BおよびAにとって全体的なパフォーマンスの向上につながるものであった。以上のような方法で協働を拡張していくことが、全体としての市場シェアアップにつながったといえる。

　製品ライフサイクルの商品導入期における小売業者との成功と失敗の学習経験は、後に成長期・成熟期へと製品ライフサイクルが進んだ段階における小売業者との効果的な協働を実践するうえで、ポジティブな影響を与えている。この学習効果の構図は、協働の基盤作りにおいて、商品導入期での適切な小売業者のパートナー選択が重要であることを示している。

　サプライチェーン協働の理論上および実務上の最大の課題は、適切な協働のレベルをどのようにして決めるかということである。この点に関する研究は非常に稀で、実務面でもその処方箋は描き切れていない。次節では、この協働のレベルを、需要の不確実性を踏まえながら適切にマネジメントするための新たな概念を提唱する。この概念を採用することで、サプライチェーンの協働をより広い視野から製品の価値と顧客が求める価値のマッチングという戦略的経営課題の中心に据えることができる。

3　まとめ
──サプライチェーン協働のための戦略枠組みの提示──

　協働は、SCM の最も重要な鍵の1つだと考えられている。なぜなら、サプライチェーンのプロセス統合のためには、部門や組織を超えた協働が不可欠だからである。特に、異なる部門間が繋がるサプライチェーンでは、その管理を1社ですべて実施することは現実的ではなく、企業間の協働が重要な課題となる。実際のビジネスでは、企業の製品戦略とその製品戦略を実践するためのサプライチェーン・プロセスをマッチングさせることが、パフォーマンスを向上させるうえで重要になる。こうした視点でとらえる企業間の協働プロセスの統合程度が、協働のレベルを形作る。この適切な協働レベルを見極めることが、具体的なコラボレーション戦略形成において核心をなす。

　本書の事例では、4つの重要な要素が作用している。これら4要素を適切に組み合わせたコラボレーション戦略が適応的協働を可能にする。本書では、これを「適応的コラボレーション戦略」と呼称する。第1の要素は製品ライフサイクルである。この製品ライフサイクルが協働のメリットの大きさや各商品市場での競争の方法を決定づける。ライフサイクルの初期段階では利益額はそれほど大きくないかもしれないが、この段階の成功が後の段階における非常に大きな利益をもたらすかもしれない。製品ライフサイクルはまた、競争優位獲得において品質、コスト、納期のどのような能力が重要かについても示唆している。どのライフサイクルの段階であるかが、協働で得られるメリットの大きさや、協働における主要なパフォーマンス指標（KPI）を決めるものとなる。製品ライフルサイクルの段階に応じて、関係パートナーたちはどのように協働するかを選択するのである。

　第2の要素はパートナーとしての小売業者の選択である。ここでは関与しているパートナーたちの戦略や価値（何を専門とするか）における共通点と相違点を知っておくことが大切である。パートナーの戦略の狙いや専門性はどのようなものだろうか。もしそれらが大きく異なるなら、互いの利害（メーカーと小売業者）が重なる範囲も狭くなる。本書の事例では、企業Xも小売業者F

も、ともに革新的な商品を提供しようとし、その商品供給によって高い顧客満足を獲得することを重視している。このように、戦略的な狙いに共通点があると、概して協働活動を促進しやすい。両者ともできるだけ広範囲に協働する動機が働く。しかし、小売業は「画一的なビジネス（one size fits all）」ではない。本書の事例でも、小売業者Bと小売業者Aとで展開された協働活動はそれぞれ異なっており、その活動内容はかなりの程度、各小売業者のビジネスモデルに依存していること示唆している。そのため、企業Xが小売業者Fと展開した協働モデルを、そのまま小売業者Bおよび小売業者Aに適用することはできなかった。

　第3の要素は製品カテゴリーである。エントリーやスタイリッシュといった価格やデザインが主体の製品カテゴリーは、消費者が認知しやすい。そして販売促進用のメッセージや行動が有効に働く。しかし、ハイズームのような付加価値の高い製品になると、協働は製品開発から販売にいたる、より密接なものになり、顧客から得られる潜在的なニーズ（インサイト）を考慮に入れるようになる。製品カテゴリーは、製品価値を設計する段階では、品質（Q）、コスト（C）、納期（D）のパフォーマンス、つまり価値創造のパフォーマンスの大部分を左右し、サプライチェーン・プロセスの条件を形作る製品設計を定義することから、サプライチェーンと製品設計の関係が重要な問題になる（Fixson, 2005）。製品に関するアイデアを顧客満足に向けて商品化すべく、製品設計とサプライチェーンをマネジメントすることはいかなるビジネスにとっても必須のプロセスになる（Doyle and Broadbridge, 1999）。

　第4の要素は、パートナー間のプロセスや組織能力における機能的シナジー効果によって定義される協働レベルに関するものである。この機能的シナジー効果は、パートナー間の潜在的なプロセスや組織能力の相互補完性によって変わってくる。関与しているパートナーたちのプロセスや組織能力が、相互補完的でなければ、技術的あるいはマネジメント的に協働の可能性が低くなる。協働レベルは、このように相互補完性から規定される機能的シナジー効果を勘案する過程で決まってくる。小売業者Fの事例で見たように、同社が独自の商品ラボをもっていることが、製品ライフサイクル初期において、商品価値に関する協働的な意思決定をするうえで効果的な貢献をしていた。企業Xと小売

業者Fは各々が独自の判断基準をもち、それらが最終的な商品価値形態を決めるための協働の基盤になっていた。その成果は両者のうちどちらかが強要したものではない。両者の知見が意思決定の内実に対してシナジー効果をもっていたということである。最終市場で意図した商品価値を実現するために、両者による上流および下流プロセスが協働的に機能した。こうした特性をもつ協働レベルをうまくマネジメントするためには、製品ライフサイクル、小売業者の選択、製品カテゴリーといった要素間のマッチングが、非常に重要になる。

　サプライチェーンに関与しているパートナーたちは、少なくとも上述の4つの協働構成要素を理解し、適切な協働パターンを入念にお膳立てする必要がある。SCMの川下に見る典型的な小売業者の選択とオペレーション上の意思決定は、こうした協働の考え方に基づいてなされるべきである。実際のビジネスにおいて、企業間の協働に関する論拠は、メリットとコストの比較ばかりが強調された一般論的で抽象的なものになりやすく、関与しているパートナーたちの具体的な目的や協働から得られるプロセスや組織能力におけるシナジー効果は考慮されない傾向にある。しかしながら、そうした一般論的な議論では、各企業とも効果的な協働の実践に関する洞察を得ることは難しい。

　本事例研究から示唆される「適応的コラボレーション戦略」の考え方は、現実のビジネスおよびサプライチェーン実務における協働活動の実践と製品ライフサイクルの全段階における高いパフォーマンスの創出に貢献すること意図しているものである（**図4.5**、**図4.6** 参照）。上述の4つの要素が適応の幅を決定

図4.5　適応的コラボレーション戦略

（出所）著者作成

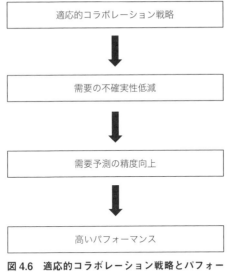

図 4.6　適応的コラボレーション戦略とパフォーマンスの関係

（出所）著者作成

する。そして適応の幅が協働のタイプを形作る。こうした視点から、効果的な
サプライチェーンの実現にとって重要な協働に目を向ける戦略、つまり、「適
応的コラボレーション戦略」の概念が創出される。

　製品サイクルと小売業者の選択の全般を通じた協働の効果的な実施方法を説
明するため、適応的なサプライチェーン協働のための戦略概念に関わる以下の
3つの提案を組み立てた。**図 4.7** は事例から基本情報を抽出し、次の3つの経
営上の洞察を整理したものである。

提案1a：高度の協働には、製品開発から需要予測・補充にいたるまでの幅広
　　　　い活動が含まれる。
提案1b：製品ライフサイクルの商品導入期から成長初期では、商品属性の新
　　　　規性やその市場の反応に関するデータの入手困難性によって、需要
　　　　の不確実性が高まるため、全体的に協働レベルを引き上げていくこ
　　　　とが望まれる。
提案1c：導入期から成長初期にかけて需要動向の正確な把握を難しくする商

品の欠品・過剰在庫といった阻害要因を除去する高度の協働は、パフォーマンス向上をもたらすことができる。

提案2a：中度の協働には、需要予測から補充にいたるマーケティング・プロモーションと供給関連領域の活動が含まれる。

提案2b：製品ライフサイクルの商品成長中期から末期では、幅広い、あるいは多種多様な品揃えが必要であるが、全体として比較的安定した需要が特徴的である。

提案2c：品揃え、店内展示、販売促進活動、補充などをカバーする中度の協働は、成長中期から末期にかけての需要パターンにフィットしており、より好ましいパフォーマンスをもたらす。

提案3a：低度の協働には、価格交渉と補充領域の間の活動が含まれる。

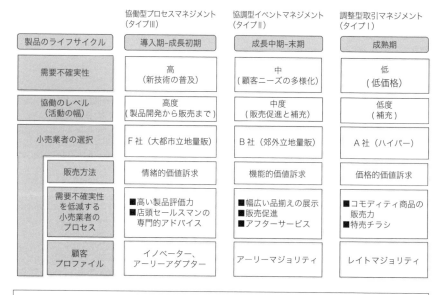

	協働型プロセスマネジメント（タイプⅢ）	協調型イベントマネジメント（タイプⅡ）	調整型取引マネジメント（タイプⅠ）
製品のライフサイクル	導入期-成長初期	成長中期-末期	成熟期
需要不確実性	高（新技術の普及）	中（顧客ニーズの多様化）	低（低価格）
協働のレベル（活動の幅）	高度（製品開発から販売まで）	中度（販売促進と補充）	低度（補充）
小売業者の選択	F社（大都市立地量販）	B社（郊外立地量販）	A社（ハイパー）
販売方法	情緒的価値訴求	機能的価値訴求	価格的価値訴求
需要不確実性を低減する小売業者のプロセス	■高い製品評価力 ■店頭セールスマンの専門的アドバイス	■幅広い品揃えの展示 ■販売促進 ■アフターサービス	■コモディティ商品の販売力 ■特売チラシ
顧客プロファイル	イノベーター、アーリーアダプター	アーリーマジョリティ	レイトマジョリティ

・製品ライフサイクルに応じた適切な小売業者との協働パターン構築が重要

図4.7　デジタルスチルカメラ市場における適切なサプライチェーン協働のあり方

（出所）著者作成

提案3b：製品ライフサイクルの商品成熟期では、特売の商品とその入手可能
　　　　性が求められる。
提案3c：取扱商品の選択から適切な補充をカバーする低度の協働でも、成熟
　　　　期における需要予測の変動増幅の歪みを軽減することができ、効果
　　　　的にパフォーマンスを向上させることができる。

▶ サプライチェーンにおける協働戦略の類型化

　サプライチェーンは、顧客に商品価値を提供することで利益を得るためのメカニズムである。高いパフォーマンスのサプライチェーンとは、そのチェーンが商品のライフサイクルを通じて最大の利益を達成することができることを意味する。サプライチェーンのパフォーマンスで最も重要な決定要因は、需要の不確実性である。需要の不確実性は、製品ライフサイクルが進むに従い、変化する。一般的に、製品ライフサイクルが終わりに近づくほど、需要の不確実性は減少する。本サプライチェーン協働の研究フレームワークは、どうすれば需要の不確実性を低減し、需要予測の精度向上を通じてパフォーマンスの向上を図ることができるかに焦点を当てている。そのためには、商品の供給不足やニーズとのミスマッチといった、好ましくないサプライチェーン活動によって発生する実需把握の阻害要因（欠品・過剰在庫）を排除し、正確に実需を把握するための適切なサプライチェーンの協働活動が必要である。不適切で好ましくない活動のほとんどは、製品開発からアフターサービスにいたるサプライチェーン活動の貧弱なつながりや、あるいは首尾一貫のなさから生じている。

　実際のビジネスの現場では、新しいコンセプトが導入された場合、不確実性の高い導入期は様子見の企業が多く、販売が伸び始める成長期に多くの企業が後発で参入し、市場競争が一気に激化することが多い。本書では、需要の不確実性が高い導入期にこそ、適切な小売業者を選択したうえで、サプライチェーンにおける協働の範囲を広げる投資をする必要があると主張する。つまり、商品導入時の小売業者Ｆの事例で示されたように、商品の共同開発から販売促進にいたる幅の広い協働が、導入期の高い不確実性を低減し、販売の拡大と在庫・欠品の減少という二律背反テーマを実現していくには望ましいということである。製品ライフサイクルが進むにつれて、組むべき小売業者を変え、導入

期の学習効果を踏まえながら、協働の活動の幅も狭くしていく。このような協
働活動の設計を通じて、製品ライフサイクル生涯におけるパフォーマンスを最
大化させることができると考える。

　コラボレーション戦略は、協働の幅によって大別できる。前述の**図 4.7** では、
定性的分析の結果と考察をもとに、協働の幅の広さに見る協働レベルの高低か
らサプライチェーンの協働にかかる戦略を3つのタイプに分類し、それぞれ
「高度の協働：タイプⅢ」「中度の協働：タイプⅡ」「低度の協働：タイプⅠ」
として示している。これら3つの戦略タイプは相互に排他的であるとか、網羅
的であるとかいったものではないが、ここでは次のように各タイプを呼称する。
呼称にあたっては、Whipple and Russell（2007）の類型を援用した。
タイプⅠ──調整型取引マネジメント：協働がオペレーション上の課題である
情報共有や補充の連携等にとどまり、低度にあることを特徴とする。
タイプⅡ──協調型イベントマネジメント：協働がオペレーションレベルにと
どまらず、戦術的レベルでの意思決定が含まれるという点で調整型取引マネジ
メントとは異なる。タイプⅡはイベント（新製品導入）に関する共同の計画・
販売促進・需要予測・補充といった活動を展開する、中度の協働を特徴とする。
タイプⅢ──協働型プロセスマネジメント：タイプⅠおよびⅡと異なり、知識
の共有や共同意思決定など、より戦略的な協働を実施する。共同的な問題解決
や長期にわたる共同事業や商品企画、そして統合されたサプライチェーン・プ
ロセスを伴う高度の協働を特徴とする。

　企業は、製品ライフサイクルと協働可能なパートナーに応じて、これら3つ
の戦略タイプを適応的に使い分ける必要がある。効率的な協働の運営を目指す
ためにも、まずは導入期において協働型プロセスマネジメントを採用し、その
プロセスにおける成功と失敗の学習経験を蓄積することが重要である。そのう
えで、製品ライフサイクルの進み具合に応じて協調型イベントマネジメントや
調整型取引マネジメントの採用を検討し、他の小売業者への展開を図るべきで
ある。

参 考 文 献

Beth, S., Burt, D. N., Copacino, W., Gopal, C., Lee, H. L., Lynch, R. P., Morris, S. and Kirby, J. (2003), "Supply chain challenges: Building relationships," *Harvard Business Review,* Vol. 81, No. 7, pp. 64-73.

Cooper, M. C. and Ellram, L. M. (1993), "Characteristics of supply chain management and the implications for purchasing and logistics strategy," *International Journal of Logistics Management,* Vol. 4, No. 2, pp. 13-24.

Doyle, S. A. and Broadbridge, A. (1999), "Differentiation by design: The importance of design in retailer repositioning and differentiation," *International Journal of Retail & Distribution Management,* Vol. 27, No. 2, pp. 72-82.

Fisher, M. L. (1997), "What is the right supply chain for your products?," *Harvard Business Review,* Vol. 75, No. 2, pp. 105-116.

Fixson, S. K. (2005), "Product architecture assessment a tool to link product, process and supply chain decisions," *Journal of Operations Management,* Vol. 23 No. 3/4, pp. 345-369.

Flynn, B. B., Huo, B. and Zhao, X. (2010), "The impact of supply chain integration on performance: A contingency and configurational approach," *Journal of Operations Management,* Vol. 28, No. 1, pp. 58-71.

Frohlich, M. T. (2002), "E-Integration in the supply chain: Barriers and performance," *Decision Sciences,* Vol. 33, No. 4, pp. 537-556.

Hughes, G. D. and Chafin, D. C. (1996), "Turning new product development into a continuous learning process," *Journal of Product Innovation Management,* Vol. 13, No. 2, pp. 89-105.

Kumar, G., and Banerjee, R. N. (2014), "Supply chain collaboration index: an instrument to measure the depth of collaboration," *Benchmarking: An International Journal,* Vol. 21, No. 2, pp. 184-204.

Lee, H. L. (2002), "Aligning supply chain strategies with product uncertainties," *California Management Review,* Vol. 44, No. 3, pp. 105-119.

Suwannaporn, P. and Speece, M. (1998), "Organization of new product development in Thailand's food processing industry," *International Food and Agribusiness*

Management Review, Vol. 1, No. 2, pp. 161-192.

Van der Vaart, J. T. and Van Donk, D. P. (2008), "A critical review of survey-based research in supply chain integration," *International Journal of Production Economics,* Vol. 111, No. 1, pp. 42-55.

Whipple J.M.and Russell D. (2007), "Building supply chain collaboration: a typology of collaborative approaches," *The International Journal of Logistics Management,* Vol. 18 No. 2, pp. 174-196.

第5章

協働活動と
パフォーマンスとの関係

1 は じ め に

　第3章の先行研究レビューでは、需要予測において、製販協働とパフォーマンスの関係を検証した研究がほとんど見られないということがわかった。どのような製販協働がパフォーマンスの向上をもたらすかを明らかにするために、フランス市場のデジタルスチルカメラの成功事例を通じて、前章では、製品ライフサイクル、小売業者の選択、製品カテゴリーを適切に組み合わせた協働のレベルが需要予測の精度向上をもたらすという概念的な枠組みを提示した。本章では、前章において提示された概念的な枠組みの有効性を確認するために、構成要素が適切に組み合わされた協働活動とパフォーマンス（需要予測の精度向上）の関係を、データをもとに実証的に検証する。

2 仮 説 提 示

　前章で整理した先行研究の枠組みに従い、適切なサプライチェーン協働の基本構造は、製品ライフサイクル、小売業者の選択、製品カテゴリーとこれらを組み合わせた協働レベルの4要素によって特徴づけられると考える。4要素の適切な組み合わせが需要予測の精度に与える影響について、**図5.1**で示す定量分析の仮説を以下のように設定する。

・仮説1：メーカーと小売業者間の協働レベルの引き上げは、需要予測の精度を向上させる。

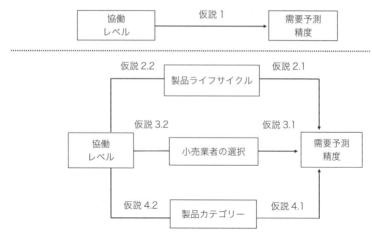

図5.1　適切なサプライチェーン協働についての概念モデルの仮説

（出所）著者作成

- ・仮説2.1：製品ライフサイクルが成熟するほど、需要予測の精度は向上する。
- ・仮説2.2：製品ライフサイクルにおいて異なる協働レベルの引き上げは、需要予測の精度を向上させる。
- ・仮説3.1：協働する小売業者の専門性が高まるほど、需要予測の精度は向上する。
- ・仮説3.2：小売業者の選択において異なる協働レベルの引き上げは、需要予測の精度を向上させる。
- ・仮説4.1：製品カテゴリーの付加価値が高まるほど、需要予測の精度は低下する。
- ・仮説4.2：製品カテゴリーにおいて異なる協働レベルの引き上げは、需要予測の精度を向上させる。

3　分　析　方　法

　本節では、メーカーである企業Xが、2005年から2009年の間、フランスのデジタルスチルカメラ市場において、3つの小売業者と行った一連のサプライ

チェーンの協働について、定量分析を行う。これらは企業 X が欧州で実施した最初の協働であった。このため過去の協働の経緯が与えるようなバイアスの影響は受けていない。協働の全体的な結果として、企業 X のフランスデジタルスチルカメラ市場における台数シェアは 2005 年には 1.8% でしかなかったものが、2009 年には 17.3% を達成することができた。また協働の成果として欠品率を 1/5 程度に、商品在庫日数も 1/2 程度にまで削減できたのである。

　企業 X が製造し小売業者がフランスで販売した 169 のカメラのモデルについて、各年における製品モデルごとの需要予測値と実際に発生した需要実績値のデータを収集した。そして全製品を年ごとに分け、1 年間の 1 製品についてのデータを 1 観測値として使用した。それらの合計は（異常値を除き）320 観測値となった。これらのデータをもとに、製品ライフサイクル、小売業者の選択、および製品カテゴリーの関数としての予測精度に対する協働レベルの影響を分散分析ならびに配列的特性評価分析（ordered feature evaluation analysis: OFEA, 詳細は後述）を使って、評価することができた。

▶ 協働レベル

　メーカーと小売業者の間の協働のレベルは、VICS（2007）が開発した CPFR のモデル、すなわち以下の基本 CPFR、発展途上 CPFR、高度 CPFR の定義を使って決定した。

　(1)　基本 CPFR は、補充中心の最初の協働段階である。

　(2)　発展途上 CPFR は、補充に加え、需要予測や販売促進を行う協働段階である。

　(3)　高度 CPFR は、製品開発、需要予測、販売促進および補充を行う協働段階である。

　これらの定義に基づき、メーカーと小売業者の組み合わせ 1 つ 1 つを評価、コード化し、CPFR の程度によって 4 つのレベル分けを行った。すなわち、「低度の CPFR」は VICS（2007）モデルの基本 CPFR を意味し、「中度の CPFR」は発展途上 CPFR を、「高度の CPFR」は高度 CPFR を意味するという具合（「CPFR 無し」も加えると 4 レベル）である。

▶**製品ライフサイクル**

　任意の年におけるデジタルスチルカメラの企業Xのモデルは、3つの異なる
ライフサイクル段階に分類された。

(1) 導入期は、市場への製品発売後のゆるやかな売上の伸びにより特定され
　　た。

(2) 成長期は、急速な市場の伸びにより特定された。

(3) 成熟期は、ほとんどの潜在的購入者が当該製品を保有することで売上の
　　成長が鈍化することにより特定された。

▶**小売業者の選択**

　小売業者は事業を営む市場において、ターゲットとなる顧客の購買行動に影
響する多くの要素を抽出し、どの要素が最もターゲット顧客にとって重要な価
値観かを決定する。この顧客にとって重要な価値観という観点から、フランス
の消費者家電製品市場における企業Xと協働した3社の小売業者のポジショ
ニングを整理し、分類した。

(1) 小売業者Fは、ハイテク商品に焦点を当てた専門性の高い大手家電量
　　販店で、文化関連商品（書籍、CD、コンサートチケットなど）も扱う
　　総合小売チェーンである。小売業者Fのターゲット顧客のプロファイ
　　ルは、製品が満足のいくものであればプレミアム価格を支払ってもよい
　　と考える、イノベーターやアーリーアダプターである。販売量としては、
　　小売業者Fの台数市場シェアは25%前後で、フランスのデジタルスチ
　　ルカメラ市場では最も高い。

(2) 小売業者Bは、幅広い品揃えに焦点を当てた専門性が中程度の大手家
　　電量販店で、家具も扱う総合小売チェーンである。来客数を増やすため
　　に割引セールを幅広く告知している。小売業者Bの顧客のプロファイ
　　ルは、アーリーマジョリティであり、コストパフォーマンスの高い流行
　　商品を購入する傾向がある。販売量としては、小売業者Bの台数市場
　　シェアは8%前後と、フランスのデジタルスチルカメラ市場第3位であ
　　る。

(3) 小売業者Aはコモディティ商品に焦点を当てた専門性の低いハイパー

マーケットで、食品から衣料まで日用品を幅広く扱っている。小売業者
Ａの顧客プロファイルは、製品ライフサイクル末期の商品を、バーゲ
ン価格で購入するレイトマジョリティである。販売量としては、小売業
者Ａの台数市場シェアは6％前後で、フランスのデジタルスチルカメ
ラ市場第5位である。

▶製品カテゴリー

データには企業Ｘが製造した169のデジタルスチルカメラのモデル名と製
品カテゴリーが含まれている。各製品は、採用されている技術の付加価値の高
さから3つのカテゴリーのうちの1つに分類される。

(1) エントリー・カテゴリー、最も付加価値の低い製品（このカテゴリーの
    中核的価値は価格である）
(2) スタイリッシュ・カテゴリー、中程度に付加価値のある製品（このカテ
    ゴリーの中核的価値は幅広い品揃えとデザインである）
(3) ハイズーム・カテゴリー、最も付加価値の高い製品（このカテゴリーの
    中核的価値は革新的な機能である）

▶需要予測精度の計測

需要予測精度を計測するために、平均絶対誤差率（MAPE）を用いた。
MAPE は、需要予測誤差の絶対値の総計を実際の需要実績値の総計で割った
もので、Σ｜需要予測－実際の需要｜/Σ実際の需要、という式で示される。
本節では、各観測変数（i）における需要予測誤差（Forecast Error: FE$_i$）に
ついて、以下のごとく、需要予測値（Demand Forecast:DF）から需要実績値
（Actual Demand: AD$_i$）を引いた絶対値｜DF$_i$-AD$_i$｜を需要実績値 AD$_i$ で割っ
た値で計測した（式（5.1））。

$$FE_i = \frac{|DF_i - AD_i|}{AD_i} \tag{5.1}$$

需要予測精度（forecast accuracy: FA$_i$）を計測するため、1と需要予測誤差
（FE$_i$）の差を計算した（式（5.2））。

$$FA_i = 1 - FE_i \tag{5.2}$$

　図 5.1 のモデルのうち、仮説 1 協働レベルが需要予測精度に及ぼす影響、仮説 2.1 製品ライフサイクルが需要予測精度に及ぼす影響、仮説 3.1 小売業者の選択が需要予測精度に及ぼす影響、仮説 4.1 製品カテゴリーが需要予測精度に及ぼす影響は、分散分析を使って検証した。ただし、分散分析では、仮説 2.2、仮説 3.2、仮説 4.2 の「製品ライフサイクル、小売業者の選択、製品カテゴリーにおいて、異なる協働レベルの引き上げが、需要予測の精度を向上させる」といった仮説の検証はできないため、配列的特性評価分析（ordered feature evaluation analysis: OFEA）を使用した。たとえば、製品ライフサイクルにおいては、導入期、成長期、成熟期という 3 つの異なるデータが配列化されているが、それぞれの段階において、異なる協働レベルが、需要予測の精度に対して与える影響を個別に測定することは、分散分析では不可能である。OFEAでは、それぞれの影響度合いを、確率を使って測定し、協働のレベルの配列と製品ライフサイクルの配列のいずれの組み合わせが最も大きな効果を生み出すことができるかを明らかにするとともに、その組み合わせが、需要予測精度に正の効果（プラスの影響）または負の効果（マイナスの影響）[1] を与える可能性がどの程度あるかを判断することができる。正の効果とは、特定の値（前述のケースでは、異なる協働レベル）がパフォーマンスへの影響（前述のケースでは、需要予測の精度）の増加につながる確率によって示される。負の効果とは、特定の値がパフォーマンスへの影響の減少につながる確率によって示される。

　それぞれの影響度合いを、確率を使って測定するこの手法は、Robnik-Sikonja and Vanhoof（2007）により開発されたもので、配列化された個々のデータの組み合わせがパフォーマンスに与える影響を詳しく分析することができる。

---

1) Robnik-Sikonja and Vanhoof（2007）で述べられている「positive reinforcement」「negative reinforcement」は、「positive effect」「negative effect」と同義で取り扱われている。そこで、本書では、「positive effect」「negative effect」の邦訳として通常用いられる「正の効果（プラスの影響）」「負の効果（マイナスの影響）」という言葉を採用した。

　OFEA の実施にあたっては、R 言語用 COARElearn パッケージ（Robnik-Sikonja and Vanhoof, 2012）を使用した（**図 5.1** のモデルに関する OFEA の分析方法に関する詳細は補論参照）。

4　結　果

▶ **協働レベルが需要予測精度に与える影響**

　仮説 1「メーカーと小売業者間の協働レベルの引き上げは、需要予測の精度を向上させる」に対して、分散分析は需要予測精度が概して協働レベルの高さによって増加することを示しているが、協働レベルがない場合と低い場合とでは何ら差異はないように思われる（**図 5.2** 左上：**表 5.1**（a））。OFEA を使っ

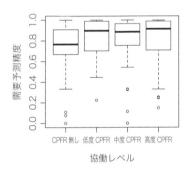

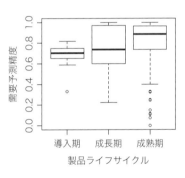

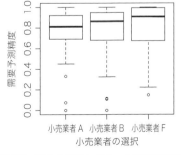

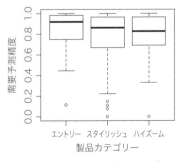

**図 5.2　異なる協働レベル、小売業者の選択、製品ライフサイクル、製品カテゴリー
　　　　における需要予測精度のボックスプロット（分散分析の仮説テスト結果）**

表 5.1　協働レベル、製品ライフサイクル、小売業者の選択、製品カテゴリーが需要予測精度に及ぼす影響度の仮説テスト（分散分析）結果

(a) 仮説テスト結果要約

構成要素	自由度	偏差平方和	平均平方	F 値	p 値	
協働レベル	3	2.67	0.89	6.92	0.00	***
製品ライフサイクル	2	2.68	1.34	10.48	0.00	***
小売業者の選択	2	0.07	0.03	0.25	0.78	
製品カテゴリー	2	0.43	0.22	1.60	0.20	

(b) 協働レベルが需要予測精度に与える影響度の仮説テスト結果

協働レベル	推定値	標準誤差	t 値	p 値	
CPFR 無し	−0.13031	0.03585	−3.635	0.000324	***
低度 CPFR	0.03795	0.05377	0.706	0.480852	
中度 CPFR	0.17138	0.05659	3.028	0.002659	**
高度 CPFR	0.21537	0.05435	3.963	0.0000914	***

(c) 製品ライフサイクルが需要予測精度に与える影響度の仮説テスト結果

製品ライフサイクル	推定値	標準誤差	t 値	p 値	
導入期	−0.20126	0.10789	−1.865	0.063	
成長期	0.01513	0.11573	0.131	0.8961	***
成熟期	0.22077	0.11034	2.001	0.0462	*

(d) 小売業者の選択が需要予測精度に与える影響度の仮説テスト結果

小売業者の選択	推定値	標準誤差	t 値	p 値
小売業者 A	−0.020129	0.041006	−0.491	0.624
小売業者 B	−0.034012	0.054033	−0.629	0.53
小売業者 F	−0.006422	0.052014	−0.123	0.902

(e) 製品カテゴリーが需要予測精度に与える影響度の仮説テスト結果

製品カテゴリー	推定値	標準誤差	t 値	p 値	
エントリー	0.0525	0.05419	0.969	0.3333	
スタイリッシュ	−0.09377	0.06065	−1.546	0.1231	
ハイズーム	−0.11522	0.0659	−1.748	0.0813	****

注： *** < 0.001; ** < 0.01; * < 0.01; **** < 0.01

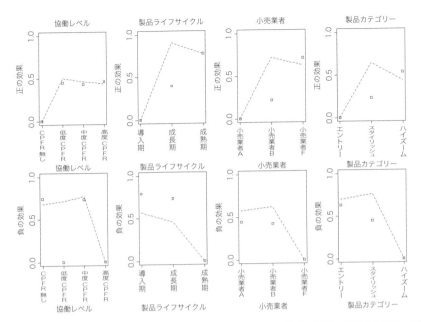

図 5.3　それぞれ異なる協働レベル、製品ライフサイクル、小売業者の選択、製品カテゴリーが需要予測精度に及ぼす正の効果・負の効果（点線）のグラフ（OFEA の仮説テスト結果）

(注) 正の効果または負の効果は、有意性閾値（点線）に接しているかそれより大きい（1 に近くなる）時に統計的に有意となる。

たさらに詳しい分析によると、全体の効果は主に全く協働しない場合（CPFR 無し）の大きな負の効果と、協働が非常に活発に行われている場合（高度 CPFR）の正の効果によるものである（図 5.3 左；表 5.2（b））。

▶製品ライフサイクルが需要予測精度に与える影響

仮説 2.1「製品ライフサイクルが成熟するほど、需要予測の精度は向上する」に対して、分散分析では、需要予測精度は一般に製品の成熟とともに増すことを示している（図 5.2 右上；表 5.1（c））。OFEA では導入期と成長期には強い負の効果がある一方、成熟期では顕著な負の効果や正の効果の影響はないという、製品ライフサイクルによって異なる影響があることを示している（図 5.3 左から 2 つ目；表 5.2（b））。

表5.2　協働レベル（a）、製品ライフサイクル（b）、小売業者の選択（c）、製品カテゴリー（d）が需要予測精度に及ぼす正の効果・負の効果とそのp値（OFEAの仮説テスト結果）

(a)

協働レベル	CPFR無し	低度CPFR	中度CPFR	高度CPFR
正の効果	0.000	0.449	0.428	0.462
p値	0.999	0.157	0.127	0.013 **
負の効果	0.746	0.000	0.735	0.000
p値	0.006 ***	1.000	0.118	0.999

(b)

製品ライフサイクル	導入期	成長期	成熟期
正の効果	0.000	0.397	0.780
p値	0.999	0.361	0.062
負の効果	0.791	0.735	0.000
p値	0.002 ***	0.000 ***	0.999

(c)

小売業者の選択	小売業者A	小売業者B	小売業者F
正の効果	0.000	0.219	0.715
p値	0.999	0.970	0.003 ***
負の効果	0.445	0.426	0.000
p値	0.679	0.710	0.999

(d)

製品カテゴリー	エントリー	スタイリッシュ	ハイズーム
正の効果	0.000	0.233	0.537
p値	0.999	0.748	0.000 ***
負の効果	0.632	0.451	0.000
p値	0.395	0.948	0.999

注：$**p < 0.01$；$***p < 0.001$

▶ **製品ライフサイクルにおいて異なる協働レベルが需要予測精度に与える影響**

　仮説2.2「製品ライフサイクルにおいて異なる協働レベルの引き上げは、需要予測の精度を向上させる」に対して、OFEAは、成長期では協働の欠如（CPFR無し）は需要予測精度に負の効果を与え、低い協働レベル（低度CPFR）は正の効果を与えることを示している（図5.4中央；表5.3（b））。しかし、成長期では高い協働レベル（高度CPFR）は大きな正の効果を示してい

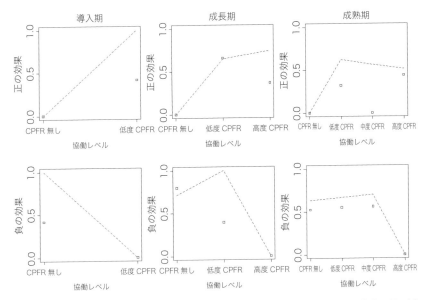

図 5.4　製品ライフサイクルの各段階において、異なる協働レベルが需要予測精度に及ぼす正の効果・負の効果（点線）のグラフ（OFEA の仮説テスト結果）

（注）正の効果または負の効果は、有意性閾値（点線）に接しているかそれより大きい（1 に近くなる）時に統計的に有意となる。

ない。データには成長期における中度の協働レベル（中度 CPFR）の観測がないため、この相互作用そのものは評価できなかった（**図 5.4 中央**）。導入期では低度の協働だけでは正の効果を示していない。成熟期で観測された協働レベルは、これといった効果を示していない（**図 5.4 左と右；表 5.3**（a）と（c））。

▶小売業者の選択が需要予測精度に与える影響

　仮説 3.1「協働する小売業者の専門性が高まるほど、需要予測の精度を向上する」に対して、分散分析では小売業者の選択が需要予測精度に与える影響については何も表れていなかった（**図 5.2 左下；表 5.1**（d））。しかし、より詳しい OFEA では小売業者の選択が需要予測精度に影響を与えることが確認された（**図 5.3 右から 2 つ目；表 5.2**（c））。具体的には、その分析によると導入期にある製品を専門とする小売業者だけが需要予測精度に正の効果を有することがわかった。

表5.3　製品ライフサイクルの導入期（a）、成長期（b）、成熟期（c）において、異なる協働レベルが需要予測精度に及ぼす正の効果・負の効果とその p 値（OFEA の仮説テスト結果）

(a)

導入期／協働レベル	CPFR 無し	低度 CPFR
正の効果	0.000	0.417
p 値	0.999	0.693
負の効果	0.417	0.000
p 値	0.646	0.999

(b)

成長期／協働レベル	CPFR 無し	低度 CPFR	高度 CPFR
正の効果	0.000	0.658	0.367
p 値	0.999	0.039 *	0.666
負の効果	−0.800	−0.395	0.000
p 値	0.003 ***	0.588	0.999

(c)

成熟期／協働レベル	CPFR 無し	低度 CPFR	中度 CPFR	高度 CPFR
正の効果	0.000	0.322	0.000	0.441
p 値	0.999	0.814	1.000	0.402
負の効果	0.525	0.553	0.562	0.000
p 値	0.642	0.477	0.432	0.999

注：*$p < 0.05$; ***$p < 0.001$

▶ **小売業者の選択において異なる協働レベルが需要予測精度に与える影響**

　仮説 3.2「小売業者の選択において異なる協働レベルの引き上げは、需要予測の精度を向上させる」に対して、OFEA では大きな影響を与える効果は1つしか示されなかった。つまり製品ライフサイクルの導入期の製品を専門に扱う小売業者 F は協働をしていない場合には強い負の効果を及ぼすということである（図5.5左；表5.4（a））。しかし小売業者 F の場合、中度 CPFR ではいかなる観測も行われておらず、小売業者 B では、低度 CPFR あるいは高度 CPFR でも観測が行われておらず（図5.5中央；表5.4（b））、小売業者 A では、中度 CPFR や高度 CPFR でも観測が行われていなかった（図5.5右；表5.4（c））。

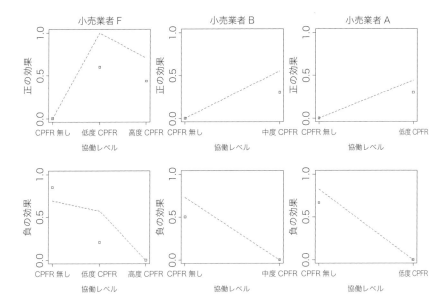

図 5.5　小売業者の選択において、異なる協働レベルが需要予測精度に及ぼす正の効果・負の効果（点線）のグラフ（OFEA の仮説テスト結果）

(注) 正の効果または負の効果は、有意性閾値（点線）に接しているかそれより大きい（1 に近くなる）時に統計的に有意となる。

▶ **製品カテゴリーが需要予測精度に与える影響**

　仮説 4.1「製品カテゴリーの新規性が高まるほど、需要予測の精度は低下する」に対しては、すべての観測値を取り入れた場合、分散分析（**図 5.2** 右下；**表 5.1**(e)）でも OFEA でもこの仮説を検証することはできなかった（**図 5.3** 右；**表 5.2**（d））。

▶ **製品カテゴリーにおいて異なる協働レベルが需要予測精度に与える影響**

　仮説 4.2「製品カテゴリーに応じた協働レベルの引き上げは、需要予測の精度を向上させる」に対しては、製品カテゴリーによっては需要予測精度に異なる影響が生じることを発見した。最も付加価値の低いエントリーのカテゴリーではサプライチェーン協働は正あるいは負の効果があるようには見えなかった（**図 5.6** 左；**表 5.5**（a））。これに反して CPFR が存在しない場合には、より付

表5.4　小売業者 F（a）、小売業者 B（b）、小売業者 A（c）において、異なる協
働レベルが需要予測精度に及ぼす正の効果・負の効果とその p 値（OFEA
の仮説テスト結果）

(a)

小売業者 F／協働レベル	CPFR 無し	低度 CPFR	高度 CPFR
正の効果	0.000	0.600	0.437
p 値	0.999	0.301	0.907
負の効果	0.850	0.209	0.000
p 値	0.008 ***	1.000	0.999

(b)

小売業者 B／協働レベル	CPFR 無し	中度 CPFR
正の効果	0.000	0.303
p 値	0.999	0.806
負の効果	0.505	0.000
p 値	0.910	0.999

(c)

小売業者 A／協働レベル	CPFR 無し	低度 CPFR
正の効果	0.000	0.300
p 値	0.999	0.562
負の効果	0.669	0.000
p 値	0.536	0.999

注：$***p < 0.001$

加価値の高いスタイリッシュのカテゴリーで需要予測精度に負の効果があるこ
とを示した（**図5.6**中；**表5.5**（b））。低度 CPFR ではこのカテゴリーで正の
効果が認められた。最も付加価値の高いハイズームのカテゴリーでは協働の無
い場合と中度 CPFR がある場合には需要予測精度に負の効果があった。しか
し、このハイズームのカテゴリーで高度 CPFR がある場合には、需要予測精
度に強い正の効果が認められたのである（**図5.6**右；**表5.5**（c））。

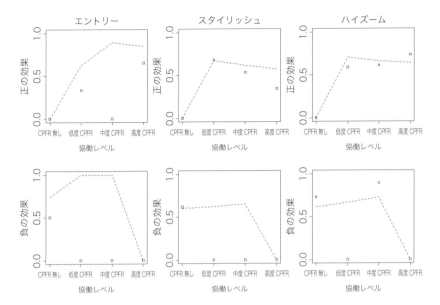

図5.6　各製品カテゴリーにおいて、異なる協働レベルが需要予測精度に及ぼす正の効果・負の効果（点線）のグラフ（OFEA の仮説テスト結果）

（注）正の効果または負の効果は、有意性閾値（点線）に接しているかそれより大きい（1に近くなる）時に統計的に有意となる。

表5.5　製品カテゴリーのエントリー（a）、スタイリッシュ（b）、ハイズーム（c）において、異なる協働レベルが需要予測精度に及ぼす正の効果・負の効果とその p 値（OFEA の仮説テスト結果）

(a)

エントリー／協働レベル	CPFR 無し	低度 CPFR	中度 CPFR	高度 CPFR
正の効果	0.000	0.333	0.000	0.650
p 値	0.999	0.827	0.999	0.168
負の効果	0.550	0.000	0.000	0.000
p 値	0.622	0.999	0.999	0.999

(b) レベル

スタイリッシュ／協働レベル	CPFR 無し	低度 CPFR	中度 CPFR	高度 CPFR
正の効果	0.000	0.681	0.536	0.347
p 値	0.999	0.045 *	0.239	0.990
負の効果	0.623	0.000	0.000	0.000
p 値	0.025 *	1.000	1.000	0.999

(c) レベル

ハイズーム／協働レベル	CPFR 無し	低度 CPFR	中度 CPFR	高度 CPFR
正の効果	0.000	0.592	0.614	0.737
p 値	0.999	0.226	0.134	0.004 **
負の効果	0.732	0.000	0.895	0.000
p 値	< 0.001 ***	1.000	0.004 **	0.999

注：$^*p < 0.05$; $^{**}p < 0.01$; $^{***}p < 0.001$

5　考　察

　本章では、2005年から2009年にかけて企業Xが製造し、小売業者3社がフランスで販売した169のデジタルスチルカメラのモデルについて観測された、各年の製品モデルごとの需要の予測値と実際に発生した需要の実績値の320観測値データの分析を行った。この分析により、デジタルスチルカメラの家電分野で協働が需要予測精度に及ぼす影響を以下のように評価することができた（**表5.6**）。

表 5.6　分散分析と OFEA の仮説テスト結果のまとめ

協働の構成要素	分散分析	OFEA
協働レベル	正の効果	協働の欠如は負の効果を及ぼし、高度の協働は需要予測精度に正の効果を及ぼす。
製品ライフサイクル	正の効果	製品ライフサイクルの導入期と成長期は、需要予測精度に負の効果を及ぼす。
小売業者	効果なし	高度に専門化した小売業者は、需要予測精度に正の効果を及ぼす。
製品カテゴリー	効果なし	最も付加価値の高い製品は、需要予測精度に正の効果を及ぼす。
製品ライフサイクル／協働レベル	－	協働レベルは、成長期の需要予測精度に正の効果を及ぼす。協働の欠如は成長期の需要予測精度に負の効果を及ぼす。
小売業者／協働レベル	－	協働の欠如は、最も専門性の高い小売業者の需要予測精度に負の効果を及ぼす。
製品カテゴリー／協働レベル	－	協働の欠如は、付加価値の高い製品カテゴリの需要予測精度に負の効果を及ぼす。高度の協働の場合のみ、最も付加価値の高い製品の需要予測精度に正の効果を及ぼす。

（出所）著者作成

▶ サプライチェーンの協働レベルの影響

　仮説 1 に関して、分散分析のテスト結果によれば、協働レベルの引き上げは需要予測精度に正の効果を及ぼすこと、特に、高度の協働は他の協働レベルのいずれと比較してもとりわけ大きな影響を及ぼすことを示していた。この結果は、仮説 1 を支持している。

　しかし、協働レベルの引き上げが需要予測精度に及ぼす影響度についての OFEA のテスト結果によれば、主として CPFR が存在しない時には需要予測精度に負の効果を及ぼし、高度の協働は正の効果を及ぼすのに対し、低度の協働と中度の協働は、いかなる効果も与えていなかった。この結果が実務的に示唆するのは、高度の協働を採用した時にしか協働のプラスの影響を得られないことを認識しつつも、協働をしない時の負の効果を避けるために、低いレベルであっても協働すべきだということである。

　留意すべきは、高度の協働は、開発、製造、販売のサプライチェーンのすべてのプロセスにわたり協働することになるために、人材と IT 面での長期投資

が必要になるということである。こうした長期にわたる投資や製品ライフサイクル、小売業者の選択、製品カテゴリーを適切に組み合わせて協働レベルを設定することで、需要予測精度に影響を及ぼすことができる。実務者は協働実施の決断をする前に、これらの構成要素をどのようにして適切に組み合わせるか、事前によく検討する必要がある。

▶ 製品ライフサイクルの影響

　仮説2.1に関して、分散分析のテスト結果では、製品ライフサイクルにおける成熟が需要予測精度に及ぼす大きな正の効果を示している。この結果は、仮説2.1を支持している。より詳しいOFEAのテスト結果では成熟に関するこれといった効果は認められないが、それでもこの効果の肯定的な傾向は見てとれる（p値 = 0.062）。

　さらにChopra and Meindl（2012）の研究では、製品の導入期がライフサイクルで最も不確実性が高いことを明らかにしているが、そこでは需要予測が最も難しくなる。OFEAのテスト結果を見ても、導入期と成長期では製品ライフサイクルが需要予測精度に強い負の効果を与えることを示しており、Chopra and Meindl（2012）の仮説を実証的に裏づけるものになっている。

　仮説2.2に関して、OFEAのテスト結果では、個々の製品ライフサイクルで協働レベルが需要予測精度に及ぼす大きな正の効果を示している。この結果は、仮説2.2を支持している。事業の展開上重要な成長期においては、低度の協働でも需要予測精度にはプラスに影響するし、協働しなければ需要予測精度を減少させてしまう。導入期においては、部門間の単なる情報共有による低度の協働だけでは正の効果を引き出すには十分ではないのである。これらの結果は、特に導入期においてパフォーマンスを向上させるには、サプライチェーンの協働的取り組みは広範な統合を目指すべきだというStonebraker and Liao（2003）の考えと一致している。

　成熟期の協働による正の効果は発見できなかったが、このことは需要が成熟すると導入期に行っていた協働は、製品ライフサイクルが進むにつれて、過剰なものになってしまうということを示している。したがって、たとえ協働レベルを製品のライフサイクルに合わせていくことが動きの速い市場においては困

難な課題であるとしても、成熟期の集中的な協働のために大きな投資をすることは、必要でないことがわかった。

▶ 小売業者の選択の影響

仮説 3.1 に関して、分散分析のテスト結果では、小売業者の専門度が需要予測精度に与える影響は何も示されなかった。この結果は仮説 3.1 を支持するものではない。しかし OFEA のテスト結果では、高度に専門化した小売業者との協働は正の効果を示している。一方、高度に専門化した小売業者と全く協働しないことは需要予測精度には大きな負の効果を示している。この結果は、仮説 3.1 を支持しており、パフォーマンスを改善するための協働戦略は小売業者のタイプに合わせるべきだとする議論（Stanley and Wisner, 2001; Combs, 2004）を実証的に裏づけるものである。この点、成熟した製品でも、新しもの好きのニーズに合うように設計された新製品でも、同様に当てはまると考えられる（Combs, 2004; Christopher *et al.*, 2005; Levy and Weitz, 2009; Subroto and Sivakumar, 2010; Elkady *et al.*, 2014）。

小売業者の専門度は協働レベルを決めるうえでの重要な要素である。仮説 3.2 に関して、OFEA のテスト結果では、協働の欠如は専門性の高い小売業者の需要予測精度に及ぼす負の効果を示している。この結果は、仮説 3.2 を支持している。高度に専門化した小売業者との間では、製品開発から販売にいたるまで、幅広い協働がより実りあるものになる可能性が大きい。その際留意すべきは、専門小売業者の事業戦略にマッチした大きな長期投資を必要とするということである。このことは CPFR にチャレンジしようとしているメーカーの数が増加していることを考えると、特に重要である。高価格の高付加価値商品を不確実性の高い環境下で販売する、高度に専門化した小売業者は、専門化していない小売業者よりもサプライチェーンの協働を必要としている可能性が高い（Elkady *et al.*, 2014）。

▶ 製品カテゴリーの影響

仮説 4.1 に関して、分散分析のテスト結果では、製品カテゴリーが需要予測精度に及ぼす際だった影響は示されなかった。この結果は仮説 4.1 を支持する

ものではない。しかし OFEA の結果では、各製品カテゴリーにおいて、異なる協働レベルが需要予測精度に及ぼす正の効果を示している。この結果は、仮説 4.2 を支持している。さらに製品カテゴリーによって、協働レベルは需要予測精度に異なる効果を与えていた。つまり、付加価値の高いスタイリッシュやハイズームのカテゴリーでは、協働がないことは強い負の効果を生じるが、エントリーカテゴリーでは協働によっては負の効果も正の効果も観察されていない。スタイリッシュのカテゴリーでは、低度の協働だけが正の効果を示し、一方ハイズームのカテゴリーでは高度の協働だけが正の効果を示した。さらにハイズームのカテゴリーでは、中度の協働は予測精度に強い負の効果を示した。このことは製品カテゴリーと協働レベルとのマッチングの効果はリニアの関係（製品カテゴリーの付加価値度合いに合わせて協働レベルを上げていけば、効果が確認できるという関係）ではないことを示している。

　以上、製品カテゴリーの影響をまとめると、実務者は需要予測精度を高めるために、製品カテゴリーにおいて異なる協働レベルを活用すべきであるということである。エントリーのカテゴリーは低価格で多量に販売されるが、協働の便益は限定的かもしれない。なぜなら、価格や競合相手の行動といった他の要素が需要予測精度を条件づけるかもしれないからである。一方、スタイリッシュのカテゴリーのようなスタンダードな付加価値商品では、製品の販売量はエントリーよりも多くはないが、エントリーよりも高価格で販売されるので、実務者には協働しないことによる負の効果を避けるために協働活動の実施が求められる。さらに、ハイズームのように販売量がそれほど多くはないが、高価格で高い付加価値を有するカテゴリーでは、導入期から成長期にかけて集中的な協働がメーカーの需要の不確実性を低減にするのに役立つものと考えられる。

6　ま と め

　最後に、本章の調査分析を通じて得られた成果を次の3つに集約する。第1に、製品ライフサイクル、小売業者の選択、製品カテゴリー、そして協働レベルの「4つの構成要素」が協働を適合的に行い、パフォーマンスを向上させる諸条件になり得るということが検証された。本章のデータには、企業Xの169

のデジタルスチルカメラ・モデルについての 320 の観測値が含まれている。データのサイズも大きく、その意味では、大変貴重なデータを入手することができた。ただし、徹底的な定量分析をするためのすべての変数のすべての組み合わせが十分に存在しているわけではなかった。実際、いくつかの組み合わせが欠けていたため、提示された結果もデータの特性を念頭におきながら解釈しなければならない場面も存在した。そうした課題を解決するためにも、今後、一層拡張したデータベースに基づく研究が必要である。

　第 2 に、先行研究によれば製品ライフサイクルの後段階に行くにつれて需要が安定し、また需要の不確実性が減って需要予測精度は高まるとされているが、本事例では成熟期においても需要予測精度は自然には改善しなかったことが示された。つまり、製品ライフサイクルに応じて協働レベルを適応させるには、上述のような時間経過に伴ういわば自然の需要精度向上以外の、考慮に入れなければならない他のパラメーターが存在することを示している。たとえば、成熟期では商品よりもコストや競合他社の行動がより影響力のあるパラメーターかもしれないといったことである。

　第 3 に、製品カテゴリーと協働レベルとのマッチングに関して、製品カテゴリーの付加価値度合いに合わせて、協働レベルを上げていけば、その効果が確認できるというリニアな関係ではないことが示された。つまり、製品カテゴリーごとに、適切な協働レベルを見極めていく必要があるということである。

　以上のような発見は、協働活動とパフォーマンスの関係の検証が不十分であるという先行研究の課題に何らかの貢献ができたのではないかと考えられる。

参 考 文 献

Chopra, S. and Meindl, P. (2012), *Supply Chain Management*, fifth edition, Pearson Prentice Hall. NJ.

Christopher, M., Godsell, J. and Jüttner, U. (2005), "Transforming the supply chain into a demand chain," *Proceedings of the Annual Logistics Research Network Conference,* Plymouth, England.

Combs, L. (2004), "The right channel at the right time," *Industrial Management,* Vol. 46, No. 4, pp. 8-16.

Elkady, G., Moizer, J. and Liu, S. (2014), "A Decision Support Framework to Assess Grocery Retail Supply Chain Collaboration: A System Dynamics Modelling Approach," *International Journal of Innovation, Management and Technology,* "Vol. 5, No. 4, PP. 232-238.

Levy, M. and Weitz, B. A. (2009), *Retailing Management,* seventh edition, McGraw Hill, New York, N.Y.

Robnik-Sikonja, M. and Savicky, P. (2012), "CORElearn - classification, regression, feature evaluation and ordinal evaluation," *R package version 0.9.40,* http://lkm. fri.uni-lj.si/rmarko/software/ (最終検索日：2012年9月1日).

Robnik-Sikonja, M. and Vanhoof, K. (2007), "Evaluation of ordinal attributes at value level," *Data Mining and Knowledge Discovery,* Vol. 14, No. 2, pp. 225-243.

Stanley, L. and Wisner, J. (2001), "Service quality along the supply chain implications for purchasing," *Journal of Operations Management,* Vol. 19, No. 3, pp. 287-306.

Stonebraker, P. W. and Liao, J. (2003), "Environmental turbulence, strategic orientation: Modeling supply chain Integration," *International Journal of Operations and Production Management,* Vol. 24, No. 10, pp. 1037-1054.

Subroto, R. and Sivakumar,K. (2010), "Innovation generation in upstream and downstream business relationships," *Journal of Business Research,* Vol. 63, No. 12, pp.1356-1363.

VICS. (2007), "Implementing Successful Large Scale CPFR Programs and on Boarding Trading Partners Business Process Guide," www.vics.org (最終検索日：2013年10月1日).

Part Ⅲ

適応的コラボレーション戦略の
実践に向けて

第 6 章

インプリケーションと展望

1　インプリケーション

　本書は、ここまで、どのようにしたらグローバルな文脈におけるサプライチェーンの協働を成功に導くことができるかを、メーカーと小売業者との関係に焦点を当てて実証的に検証してきた。そのうえで、サプライチェーンの協働を成功に導くための「適応的コラボレーション戦略」という概念を提示した。本節では、その成果が与える理論的、実務的なインプリケーションを述べる。

1.1　理論的なインプリケーション

　第3章の先行研究分析を通じて、サプライチェーンの協働は企業のパフォーマンスを改善する主な戦略の1つと考えられてきたが（Flynn *et al.*, 2010; Van der Vaart and Van Donk, 2008; Frohlich, 2002）、現実のビジネスや実務においては未だに実施が非常に困難で、とらえどころのない目標にとどまっている（Wong *et al.*, 2008; Morita *et al.*,2011; Beth *et al.*, 2003）ことがわかった。その主たる理由の1つは、サプライチェーン活動のパフォーマンス測定に関する首尾一貫した研究が存在しないことである（Matchette and von Lewinski, 2006; Lee *et al.*, 1997）。体系的なパフォーマンス測定について不十分な研究の蓄積が実際のビジネスにおける協働の実施に二の足を踏まざるを得ない状況を生んでいる。

　こうした先行研究の課題を踏まえ、本書が行った理論的な貢献は、以下3点である。第1に、体系的なパフォーマンス測定のために、協働に大きな影響を

与える製品ライフサイクル、小売業者の選択、製品カテゴリーという要素の適切な組み合わせの中で決まってくる協働レベルと、需要の不確実性低減による需要予測の精度向上やパフォーマンスとの関係を定量化したことである。本書が注目した需要の不確実性は、サプライチェーンのオペレーション、特に需要予測を大きく阻害する。協働努力がサプライチェーンのパフォーマンス向上に寄与する重要な理由の1つは、それが需要の不確実性を低減し、需要予測の精度向上に効果が認められるためである。需要予測精度の問題は、製品の価値と顧客が求める価値の間のミスマッチによって生じるというのが本書の主張である。ミスマッチはサプライチェーンの活動が適切に連携されていないことから生じる。適切に連携された協働活動によって、需要の不確実性を低減し、需要予測の精度向上を通じて、企業がより大きな価値を創造することが可能になる。

　第2に、製品ライフサイクルの各段階において、需要の不確実性低減とサプライチェーンのパフォーマンス向上に結びつくサプライチェーン協働の適切なレベルを設定するために、製品ライフサイクル、小売業者の選択、製品カテゴリー、協働レベルの4つの構成要素をどのように組み合わせるべきかを明らかにしたことである。

　第3に、上記結果を踏まえて、状況に応じたサプライチェーンの協働のための戦略、つまり「適応的コラボレーション戦略」の概念化を図ったことである。そして、このような協働の実際のビジネスの現場での実践において、4つの構成要素をどのようにマッチングさせるべきか、ということを論じた。これら構成要素に焦点を当て、先行研究ではほとんど明らかにされていなかった、サプライチェーン協働の戦略的アプローチの実践を支援する概念を、定性的かつ定量的な事例分析を通じて提示したことが本書の一番重要な貢献である。

1.2　実務的なインプリケーション

　経済の急速なグローバル化は、メーカーの製造や販売の拠点に世界的な広がりをもたらした。その結果、SCM は国境・地域を越えて大変複雑なものになっている。一方、多くの企業は自社だけですべての業務プロセスを管理できないため、特に消費財の場合、世界各地で強力な購買力を有する大規模小売業者と協働する必要性は顕著である。しかし、標準化された製品を大量に市場に提供したいメーカーと、多様な製品を短納期にフレキシブルな数量で提供すること

を望む小売業者では行動規範が異なり、協働を実践することは難しい。結果として、サプライチェーンが分断され、顧客ニーズに対応できず販売は低迷、在庫や欠品も増えていくという悪循環に陥ることが多い。

　さらに、実際のビジネスの現場では、新製品の導入期には、製造側も、売り先・売り方を含めて、全体の新製品導入活動の設計を行うが、成長期以降は、販売の現場任せになりがちである。結果、製品のライフサイクルが進むほど、商品戦略と売り先・売り方の不適合という問題が発生してくる。成果を持続的に創出するためには、製品のライフサイクルや特性に合わせて、組むべき小売業者や協働のレベルを変えていくような目に見える協働活動の設計が必要である。その活動設計にあたっては、需要の不確実性が高い導入期にこそ、適切な小売業者を選択したうえで、サプライチェーンにおける協働活動の範囲を広げる必要がある。商品の共同開発から販売促進にいたる広範囲な協働が、導入期の高い不確実性を低減し、販売の拡大と在庫・欠品の減少という二律背反テーマの実現を可能にするからである。

　このような状況において、企業の管理者は、本書の「適応的コラボレーション戦略」の概念を用いることで、現場における小売業者の選択やオペレーション上の意思決定などの重要な決断を、サプライチェーンにおける適応的な協働活動の設計の観点から適切に行うことが可能になる。この概念の中心となる4つの構成要素は、協働のタイプを形作る。そのタイプからサプライチェーンにおける適応的コラボレーション戦略のコンセプトが創り出される。すなわち、本書が協働レベルの高低で3つに区分した、タイプⅠ、タイプⅡ、タイプⅢの戦略を形成する次元として、小売業者のパートナーとの適切な協働のレベルを提案している。「適応的コラボレーション戦略」の概念は、グローバルな企業経営に強く求められている国際的なサプライチェーンにおける製販協働のあり方について、実証的な研究蓄積が乏しい中、開発・製造・販売という包括的な観点から、実践的な基盤作りを目指すものである。この概念は、製品ライフサイクルの進展に応じて変化する多様な目的をもった小売業者のパートナーと、ビジネスの現場においてサプライチェーンの協働を効果的に実施していくにあたり、貴重なノウハウを提供し得ることを本章で強調しておきたい。

　COVID-19の世界的拡散や米中経済摩擦により、グローバル市場の不確実性

がさらに高まる中で、新たな経済の枠組みの模索が始まっている。グローバル化を進める消費財のメーカーにとっては、分断されている小売業者との間をサプライチェーンでつなぎ、価値創造のプロセスを新たな枠組みに適合させていくことが喫緊の課題である。本書の提案する「適応的コラボレーションの戦略」が示唆する規範的メッセージは、メーカーと小売業者の協働において、市場の求める価値に適合するかたちで競争力を高めるように開発・製造・販売というサプライチェーンの一連のプロセスが統合されているか、というものである。価値創造のプロセスを新たな枠組みに適合させるにあたっては、この「適応的コラボレーション戦略」の概念を参考にしつつ、その実践の一歩を踏み出していただきたい。この一歩によって、これまで見えなかった需要不確実性への的確な対応（見えない需要が見える需要になる）が可能になり、早期の競争優位獲得に結びつくと考える。

2　今後の研究課題

　本研究には、さらなる研究の深化が必要となる2つの限界がある。第1の限界は、本研究が、「目に見える協働活動の設計」の視点のみで調査しているため、「目に見えない組織間の関係性」の視点を除外していることである。サプライチェーンの協働の実践で成功の鍵を握るのは、互いの業務プロセスの統合である。特に、小売業者の販売情報やメーカーの今後の商品展開等、両者にとっての極秘情報の共有が重要になる。しかし、極秘情報の共有は、信頼に基づく「目に見えない組織間の関係性」が構築されていないと、うまく機能しない。

　第2の限界は、本研究のフレームワークがフランスのデジタルスチルカメラ市場のサンプルデータを使って検証していることにある。通常、サプライチェーンの定量的データの取得は困難を伴うため、特定の製品および事業に絞った研究が多くならざるを得ない。したがって、その結果の一般化には限界がある（Barratt and Oliveria, 2001）。

　以上の問題を視野に入れ、今後は、「目に見える協働活動の設計」に、「目に見えない組織間の関係性」を加えた、新たな「適応的コラボレーション戦略」

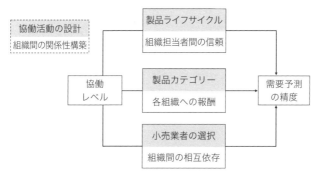

図6.1　新たな「適応的コラボレーション戦略」の概念
――「目に見える協働活動の設計」と「目に見えない組織
間の関係性」の2つの視点の統合――

（出所）著者作成

の概念の構築とそのパフォーマンスの因果関係を明らかにしていく予定である（**図6.1**）。そのうえで、これらモデルの定量的な検証、ならびに適応可能な製品分野の拡大可能性について検証していくことが必要であると考えられる。

参 考 文 献

Barratt, M. and Oliveira, A. (2001), "Exploring the experiences of collaborative planning initiatives," *International Journal of Physical Distribution & Logistics Management,* Vol. 31, No. 4, pp. 266-289.

Beth, S., Burt, D. N., Copacino, W., Gopal, C., Lee, H. L., Lynch, R. P., Morris, S. and Kirby, J. (2003), "Supply chain challenges: Building relationships," *Harvard Business Review,* Vol. 81, No. 7, pp. 64-73.

Flynn, B. B., Huo, B. and Zhao, X. (2010), "The impact of supply chain integration on performance: A contingency and configurational approach," *Journal of Operations Management,* Vol. 28, No. 1, pp. 58-71.

Frohlich, M. T. (2002), "E-Integration in the supply chain: Barriers and performance," *Decision Sciences,* Vol. 33, No. 4, pp. 537-556.

Lee, H. L., Padmanabhan, V. and Whang, S. (1997), "The bullwhip effect in supply chains," *Sloan Management Review,* Vol. 38, No. 3, pp. 93-102.

Matchette, J. and von Lewinski, H. (2006), "How to enable profitable growth and high performance", *Supply Chain Management Review,* Vol. 10, No. 4, pp. 49-54.

Morita, M., Flynn, E. J., Ochiai, S. (2011), "Strategic management cycle: The underlying process building aligned linkage among operations practices," *International Journal of Production Economics,* Vol. 133, No.2, pp. 530-540.

Van der Vaart, T. and Van Donk, D. P. (2008), "A critical review of survey-based research in supply chain integration," *International Journal of Production Economics,* Vol. 111, No. 1, pp. 42-55.

Wong, C.Y. and Boon-itt, S. (2008), "The influence of institutional norms and environmental uncertainty on supply chain integration in the Thai automotive industry," *International Journal of Production Economics,* Vol. 115, No. 2, pp. 400-410.

補論　定量モデルに関する分析方法

　本補論では、第5章で検証した定量モデルに関する分析方法の詳細について述べる。第5章で検証した分析方法は、以下の通りである。

　図5.1の適切なサプライチェーン協働についての概念モデルの仮説のうち、仮説1（協働レベルが需要予測精度に及ぼす影響）、仮説2.1（製品ライフサイクルが需要予測精度に及ぼす影響）、仮説3.1（小売業者の選択が需要予測精度に及ぼす影響）、仮説4.1（製品カテゴリーが需要予測精度に及ぼす影響）は、分散分析を使って検証した。ただし、分散分析では、仮説2.2、仮説3.2、仮説4.2の「製品ライフサイクル、小売業者の選択、製品カテゴリーにおいて、異なる協働レベルの引き上げが、需要予測の精度を向上させる」といった仮説の検証はできないため、配列的特性評価分析（ordered feature evaluation analysis: OFEA）を使用した。たとえば、製品ライフサイクルにおいては、導入期、成長期、成熟期という3つの異なるデータが配列化されているが、それぞれの段階において、異なる協働レベルが、需要予測の精度に対して与える影響を個別に測定することは、分散分析では不可能である。OFEAでは、それぞれの影響度合いを、確率を使って測定し、協働のレベルの配列と製品ライフサイクルの配列のいずれの組み合わせが最も大きな効果を生み出すことができるかを明らかにするとともに、その組み合わせが、需要予測精度に正の効果（プラスの影響）または負の効果（マイナスの影響）を与える可能性がどの程度あるかを判断することができる。正の効果とは、特定の値（前述のケースでは、異なる協働レベル）がパフォーマンスへの影響（前述のケースでは、需要予測の精度）の増加につながる確率によって示される。負の効果とは、特定の値がパフォーマンスへの影響の減少につながる確率によって示される。

　それぞれの影響度合いを、確率を使って測定するこの手法は、Robnik-Sikonja and Vanhoof（2007）により開発されたもので、R言語用 COARElearn パッケージ（Robnik-Sikonja and Savicky, 2012）を使用して、配列化された個々のデータの組み合わせがパフォーマンスに与える影響を詳しく分析するこ

とができる。

▶協働レベルが需要予測の精度に与える影響

　需要予測の精度は、協働レベル関数として変化するという仮説を立てた（仮説 1）。この仮説を検証するために、需要予測精度（*forecast accuracy: FA_i*）に対する協働レベル（*collaboration intensity: CI*）の分散分析を実施した。そのうえで、それぞれの協働レベルは需要予測の精度に対して異なる影響を与えることになるため、これら個々の影響を測定するために、OFEA を行った。OFEA の実施にあたっては、R 言語用 CORElearn パッケージ（Robnik-Sikonja and Savicky, 2012）を使用して、Robnik-Sikonja and Vanhoof（2007）により開発された以下の手法に従った。

　OrdEval アルゴリズムを使い、所与の協働レベル（*collaboration intensity: CI_i*）が需要予測精度（*FA_i*）の増減に結びつくことを示す、確率 P（*FA_i* | *CI_i*）（協働レベルが所与の時にある予測精度となる条件つき確率）を計算した。OrdEval アルゴリズムとは機械学習プロセスを利用して、この確率を以下の 4 つのステップで評価する計算手段である。

① 　第 1 ステップでは、所与の需要予測精度（*FA_i*）がその値に最も近い予測精度よりも大きい、あるいは小さい確率 $P(FA_i)$ を計算する。たとえば、需要予測精度のサンプルが ［0.4; 0.4; 0.6; 0.6］ であるとすると、その中で、値 $i = 0.6$ がそれに最も近い類似値 $i = 0.4$ よりも大きい確率は $P(FA_i = 0.6) = 0.67$ で、サンプルが ［0.4; 0.6; 0.6; 0.6］ であれば $P(FA_i = 0.6) = 0.33$ である。

② 　第 2 ステップにおけるアルゴリズムは、第 1 ステップと同様、所与の協働レベル（*CI_i*）よりも大きく、あるいは小さくなる確率 $P(CI_i)$ を計算する。

③ 　第 3 ステップにおけるアルゴリズムは、所与の需要予測精度と所与の協働レベルの各々が同時に、それらに最も近い値よりも大きくなる同時確率 $P(FA_i, CI_i)$ を計算する。

④ 　第 4 ステップにおけるアルゴリズムは、ある協働レベルがそれに最も近い協働レベル以上という条件で、所与の需要予測精度がそれに最も近い精

度よりも大きくなる条件つき確率 $P(FA_i \mid CI_i)$ を計算する。

Robnik-Sikonja and Vanhoof（2007）は、第4のステップで計算された確率が特性（本書では協働レベル）の及ぼす効果（本書では需要予測精度）が正あるいは負であるかを表すとしている。正の場合には、その条件つき確率がサンプル内でそれに最も近い確率よりも高くなり、逆に低くなる場合は負の効果である。正の効果（プラスの影響）（positive reinforcement[1] : PR_i）は、ある確率と等しくなるが、その確率とは、当該協働レベルが需要予測精度を上げる確率であり、その計算では需要予測精度のレベルがそれに最も近くそれよりも大きくなる確率を用いて式（1）の方程式のように計算できる。逆に負の効果（マイナスの影響）（negative reinforcement[2] : NR_i）は、所与の協働レベルが需要予測精度を下げる確率であり、その確率の計算では需要予測精度のレベルがそれに最も近くそれよりも小さくなる確率を用いて式（2）の方程式ように計算できる。需要予測精度の向上および低下は概念的にも数学的にも相互に独立である、なぜなら、それらが依拠する、すなわちそれよりも大きいか、小さいかの基準値は相互に独立だからである。ただし、PR_i は、確率を計算する場合の最も近い値というのはそれ自身よりも小さいので、協働無しという状況では0となることに注意すべきである。同じく、NR_i の計算では、最も高い協働レベルではそれよりも大きい値は存在しないので $NR_i = 0$ となる。

$$PR_i = P(FA_i^p \mid CI_i^p) = \frac{P(FA_i^p, CI_i^p)}{P(CI_i^p)} \tag{1}$$

$$NR_i = P(FA_i^n \mid CI_i^n) = \frac{P(FA_i^n, CI_i^n)}{P(CI_i^n)} \tag{2}$$

需要予測精度に対してどの協働レベルの値が大きな影響を与えるかを評価す

---

1) Robnik-Sikonja and Vanhoof（2007）で述べられている「positive reinforcement」は、「positive effect」と同義で取り扱われている。そこで、本書では、「positive effect」の邦訳として通常用いられる「正の効果（プラスの影響）」という言葉を採用した。
2) Robnik-Sikonja and Vanhoof（2007）で述べられている「negative reinforcement」は、「negative effect」と同義で取り扱われている。そこで、本書では、「negative effect」の邦訳として通常用いられる「負の効果（マイナスの影響）」という言葉を採用した。

るため、CORElearn パッケージ（Robnik-Sikonja and Savicky, 2012）の ordEval
関数で実行されている並べ替え検定を使用した。この関数は、PR_i と NR_i の
有意性について、分析の結果得られた正の効果（すなわち、需要予測精度の向
上）もしくは負の効果（すなわち、需要予測精度の低下）は、ランダムに並べ
替えられたデータから得られた強化に等しいという帰無仮説を、ランダムに並
べ替えられたデータセットから得られた強化とは等しくないという仮説を対立
仮説として、有意水準 95％ で検定することにより評価する。分析の有意性を
評価するため、1,000 のランダム置換データセットをもとに計算を行った。最
後に、計算された 95％ 有意性閾値を PR_i なり NR_i が有意である（有意性閾値
より大きい）か否か（有意性閾値より小さい）を決定する閾値として用いた。

▶ 製品ライフサイクルが需要予測精度に与える影響

　需要予測精度は、製品のライフサイクルの連続する段階で変化するという仮
説を立てた（仮説 2.1）。この仮説を検証するために、需要予測精度（FA_i）に
対する製品ライフサイクル（*life cycle: LC_i*）の分散分析を実施した。

　仮説 1 の分析の時と同様に、それぞれのライフサイクルにおける異なる協働
のレベルの個々の需要予測精度に対する影響を評価するために、OFEA を実
施した。所与のライフサイクル（LC_i）が需要予測精度（FA_i）の増加（式
（3））もしくは減少（式（4））に結びつく確率を計算した。需要予測精度への
影響についての有意性閾値は 1,000 回の置換を行う並べ替え検定を用いて計算
した（Robnik-Sikonja and Savicky, 2012）。

$$PR_i = P(FA_i^p \mid LC_i^p) = \frac{P(FA_i^p, LC_i^p)}{P(LC_i^p)} \tag{3}$$

$$NR_i = P(FA_i^n \mid LC_i^n) = \frac{P(FA_i^n, LC_i^n)}{P(LC_i^n)} \tag{4}$$

▶ 小売業者の選択が需要予測精度に与える影響

　需要予測精度は、製品の各ライフサイクル段階で、その段階にある製品を専

門に取り扱う小売業者かどうかで異なるという仮説を立てた（仮説 3.1）。この仮説を検証するために、需要予測精度（FA_i）に対する小売業者の選択（*retailer: R_i*）の分散分析を実施した。

仮説 1 ならびに仮説 2.1 の分析の時と同様に、それぞれの小売業者の選択における異なる協働のレベルの個々の需要予測精度に対する影響を評価するため、OFEA を行った。所与の小売業者の選択（*retailer: R_i*）が需要予測精度（FA_i）の増加（式（5））もしくは減少（式（6））に結びつく確率を計算した。需要予測精度への影響についての有意性閾値は、1,000 回の置換を行う並べ替え検定を用いて計算した（Robnik-Sikonja and Savicky, 2012）。

$$PR_i \ = \ P(FA_i^p \mid R_i^p) \ = \ \frac{P(FA_i^p, R_i^p)}{P(R_i^p)} \tag{5}$$

$$NR_i \ = \ P(FA_i^n \mid R_i^n) \ = \ \frac{P(FA_i^n, R_i^n)}{P(R_i^n)} \tag{6}$$

▶ 製品カテゴリーが需要予測精度に与える影響

需要予測精度は製品カテゴリーにより変化するという仮説を立てた（仮説 4.1）。この仮説を検証するために、需要予測精度（FA_i）に対する製品カテゴリー（*product category: PC_i*）の分散分析を実施した。

仮説 1、仮説 2.1 ならびに仮説 3.1 の分析の時と同様に、それぞれの製品カテゴリーごとにおける異なる協働のレベルの個々の需要予測精度に対する影響を評価するため、OFEA を行った。著者は、所与の製品カテゴリー（PC_i）が需要予測精度（FA_i）の増加（式（7））もしくは減少（式（8））に結びつく確率を計算した。需要予測精度への影響についての有意性閾値は、1,000 回の置換を行う並べ替え検定を用いて計算した（Robnik-Sikonja and Savicky, 2012）。

$$PR_i \ = \ P(FA_i^p \mid PC_i^p) \ = \ \frac{P(FA_i^p, PC_i^p)}{P(PC_i^p)} \tag{7}$$

$$NR_i = P(FA_i^n \mid PC_i^n) = \frac{P(FA_i^n, PC_i^n)}{P(PC_i^n)} \tag{8}$$

▶ 製品カテゴリー、小売業者の選択、製品ライフサイクルと協働レベルの間の相互作用が需要予測精度に及ぼす効果

協働レベルと製品ライフサイクルの間の相互作用、協働レベルと小売業者の選択の間の相互作用、協働レベルと製品カテゴリーの間の相互作用を評価するため、320件すべての観測値の協働レベル（CI_i）が、3つの異なる製品ライフサイクルの段階（仮説2.2）、3つの異なる小売業者の選択（仮説3.2）ならびに3つの異なる製品カテゴリー（仮説4.2）において、個別に及ぼす需要予測精度（FA_i）への影響を評価するOFEAを行った。その結果、異なる協働レベルの需要予測精度に対する正もしくは負の効果（製品ライフサイクルについては 式（3）、（4）、小売業者の選択については式（5）、（6）、製品カテゴリーについては式（7）、（8））を個別に評価することができた。

参 考 文 献

Robnik-Sikonja, M. and Savicky, P. (2012), "CORElearn - classification, regression, feature evaluation and ordinal evaluation," *R package version 0.9.40*, http://lkm. fri.uni-lj.si/rmarko/software/（最終検索日：2012年9月1日）.

Robnik-Sikonja, M. and Vanhoof, K. (2007), "Evaluation of ordinal attributes at value level," *Data Mining and Knowledge Discovery,* Vol. 14, No. 2, pp. 225-243.

索　引

A~Z

あ

か

さ

た

な

は

著者略歴

永島正康（ながしま・まさやす）

立命館大学経営学部国際経営学科教授
1959 年　東京都生まれ。
1999 年　神戸大学大学院経営学研究科修士課程修了
2013 年　ソルボンヌ大学大学院ビジネススクール博士課程修了
2014 年　高知工科大学マネジメント学部准教授
　　　　　同経済・マネジメント学群教授を経て、
2019 年　立命館大学経営学部国際経営学科教授、現在に至る。Ph.D.（経営学）。

家電メーカーにて約 30 年間、国際マーケティングに従事する中、海外市場における商品企画から販売、マーケティング、物流にいたる事業全体のプロセス運営に関与。専門は、国際経営戦略論、サプライチェーン・マネジメント。

主要業績

「国際間にまたがるサプライ・チェーン・マネジメント - 日仏間の情報家電製品のケース -」『流通研究』第 12 巻、第 1 号、33-48 頁 . 2009 年（共著）。

"Adaptive collaboration strategy focusing on forecasting demand over product life cycle," *The Journal of Japanese Operations Management and Strategy,* Vol. 4, No. 1, pp. 1-18. 2013.（共著）

"Dynamic adaptation of supply chain collaboration to enhance demand controllability," *International Journal of Manufacturing Technology and Management,* Vol.29, No.3/4, pp.139-160. 2015a.（共著）

"Impacts of adaptive collaboration on demand forecasting accuracy of different product categories throughout the product life cycle", *Supply Chain Management: An International Journal,* Vol. 20, Vol.4, pp.415-433. 2015b.（共著）

"Aligning business strategy with the supply process through effective supply chain collaboration," *The Journal of Japanese Operations Management and Strategy,* Vol. 7, No.1, pp.1-13. 2017.（共著）

Adaptive collaboration strategy through product life cycle and retailer choice - A case study of a French-Japanese supply chain in consumer electronics products -, Maruzen Planet, Tokyo. 2017.

グローバル・サプライチェーンにおける
新しい製販協働のかたち

―見えない需要を見える需要に―

2021 年 3 月 31 日初版発行

著　者　　永　島　正　康

発行所　　丸善プラネット株式会社
　　　　　〒101-0051
　　　　　東京都千代田区神田神保町 2-17
　　　　　電話（03）3512-8516
　　　　　http://planet.maruzen.co.jp/

発売所　　丸善出版株式会社
　　　　　〒101-0051
　　　　　東京都千代田区神田神保町 2-17
　　　　　電話（03）3512-3256
　　　　　https://www.maruzen-publishing.co.jp/

©Masayasu Nagashima, 2021　　　　　　　　　　　　Printed in Japan

組版／株式会社明昌堂
印刷・製本／大日本印刷株式会社
ISBN978-4-86345-483-5　C3034